Roswitha Lindner

Ziel: GDS

Ein Übungsbuch zum Prüfungsteil Schreiben - Teil 1
für den Unterricht und zum Selbststudium

LINDNER VERLAG

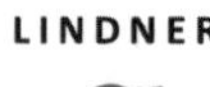

Lindner Verlag
Charilaou Trikoupi 146 - 14671 Athen - Nea Erythraia
Griechenland

E-mail: info@lindnerverlag.eu
Web: www.lindnerverlag.eu

2. durchgesehene und verbesserte Auflage

Umschlaggestaltung: Georgia Theodorou
Layout und Gestaltung: Lindner Verlag

Printed in Greece

ISBN: 978-960-9614-13-9

Inhaltsverzeichnis

Ein kurzes Vorwort (zur 1. Auflage)

An wen wendet sich dieses Buch und was bietet es?

Wie der Titel bereits nahe legt, richtet sich **Ziel: GDS** an alle Kandidaten für das Große Deutsche Sprachdiplom, die sich ganz gezielt auf den Prüfungsteil **Ausdrucksfähigkeit** vorbereiten wollen. Übung macht hier den Meister, und so wird Lernenden wie Lehrenden hinreichend Material an die Hand gegeben, das den Blick dafür schärft, was in der Prüfungsaufgabe jeweils verlangt wird. Aber auch jeder Interessierte, der Deutsch zumindest auf Oberstufenniveau beherrscht und seine Kenntnisse auf die Probe stellen und die Gewandtheit in der Sprache verbessern will, wird mit **Ziel: GDS** auf seine Kosten kommen.

Die **ersten 15 Einheiten** greifen jeweils gezielt grammatische Phänomene auf und betten sie in Umformungen ein, die denen der Prüfung ähnlich sind. Am Anfang jeder Einheit findet der Leser einen **Grammatik-Tipp**, der ihm einen Hinweis darauf gibt, **wie er Lehrbücher oder eine Grammatik,** die er aus vorangegangenen Jahren in seinem Besitz hat, **sinnvoll für die Prüfungsvorbereitung nutzen kann**. Besondere Berücksichtigung findet über die ersten 15 Einheiten hinweg die Wortgruppe der **Verben**, da sie erfahrungsgemäß in der Prüfung zur Ausdrucksfähigkeit eine große Rolle spielen. Am Ende jeder Einheit gibt es einen von Mal zu Mal länger werdenden **Text zur Umformung**, in dem das Gelernte angewendet werden kann.

Die **Einheiten 16 bis 20** dann bieten **zehn prüfungsähnliche Texte** auf mindestens mittelschwerem Niveau, mithilfe derer der Leser überprüfen kann, welche Sicherheit er beim Lösen der Prüfungsaufgabe zur Ausdrucksfähigkeit erlangt hat. Wiederum ist jeder Einheit ein **Tipp zur Übung** vorangestellt, der nochmals auf typische Fehler und Unachtsamkeiten aufmerksam macht.
Und nun viel Spaß und Erfolg mit **Ziel: GDS!**

Roswitha Lindner

Vorwort zur 2. Auflage

Auch nach der Einführung der neuen C2-Prüfung und der graduellen Vereinfachung des Prüfungsteils Schreiben Teil 1 (früher Ausdrucksfähigkeit) muss der Prüfungskandidat profunde Kenntnisse der deutschen Sprache auf höchstem Niveau aufweisen, um diesen Prüfungsteil erfolgreich zu bestehen, zumal ihm wesentlich weniger Zeit für die Bewältigung der Aufgabe zur Verfügung steht.
Ziel: GDS wird daher von vielen Prüfungskandidaten und in Sprachkursen auf C2-Niveau für die aktuelle Fassung der GDS-Prüfung *mit großem Erfolg* für die Prüfungsvorbereitung verwendet, weshalb sich der Verlag zu einer Neuauflage entschlossen hat.
Aus diesem Grund wird **Ziel: GDS,** von einigen wenigen Änderungen, Verbesserungen und Korrekturen abgesehen, mit seinem alten Inhalt neu aufgelegt.

Die Autorin

Einheit 1

Der Grammatik - Tipp:

Wenn Sie gezielt Grammatik für diese Einheit wiederholen wollen, so sollten Sie sich nochmals mit den **Modalverben** befassen. Eine allgemeine Wiederholung der **Rektion der Verben** ist ebenfalls von Nutzen.

Aufgabe 1 - Umformungen mit Funktionsverben: „ Leben"

a) Ordnen Sie die folgenden Funktionsverben und festen Wendungen den entsprechenden Definitionen zu.

1		am Leben bleiben	A	etwas gründen, einrichten
2		jemanden ums Leben bringen	B	jemanden töten, jemanden umbringen
3		jemanden am Leben erhalten	C	sterben, tödlich verunglücken
4		etwas ins Leben rufen	D	eine bekannte Persönlichkeit sein
5		(mitten) im (öffentlichen) Leben stehen	E	nicht sterben, überleben
6		sich durchs Leben schlagen	F	jemanden umbringen wollen
7		jemandem nach dem Leben trachten	G	mühevoll für seinen Lebensunterhalt sorgen
8		sich das Leben nehmen	H	sich umbringen, Selbstmord begehen
9		ums Leben kommen	I	dafür sorgen, dass jemand weiterlebt

b) Formen Sie nun die folgenden Sätze unter Zuhilfenahme der obigen Tabelle und der Angaben in den Klammern um.

Beispiel:

⇨ Der schwere Autounfall hatte *den Tod* des Fahrers und seiner 20-jährigen Beifahrerin *zur Folge*. (Leben, kommen)

⇨ Bei dem schweren Autounfall kamen der Fahrer und seine 20-jährige Beifahrerin ums Leben.

1. Durch den selbstlosen Einsatz der Ärzte konnte das Leben des Patienten *gerettet* werden. (erhalten)

....

....

2. Wenn ich sehe, wie sich diese Menschen *plagen* müssen, blutet mir das Herz! (Leben, schlagen)

....

....

3. Bei den Verhören kam ans Tageslicht, dass auf den Abgeordneten *ein Mordanschlag geplant war.* (Leben, trachten)

....

....

4. *Ihr* unbedingter *Überlebenswille* half ihr, entgegen den Einschätzungen der Fachleute die schwere Krankheit zu besiegen. (dass, Leben, bleiben)

....

....

5. Bei der *Gründung* der Bürgerinitiative hatte niemand damit gerechnet, dass sie nach kurzer Zeit so großen Zuspruch finden würde. (*Nebensatz*, Leben, rufen)

....

....

c) Formen Sie auch hier die folgenden Sätze mithilfe der in Klammern stehenden Wörter um.

Beispiel:

⇨ Zu der Zeit, als er als Politiker *mitten im öffentlichen Leben stand*, wurde der folgenreiche Skandal aufgedeckt. (alle, bekannt)

⇨ Zu der Zeit, als er als Politiker allen bekannt war, wurde der folgenreiche Skandal aufgedeckt.

1. In den Zeiten der Pest machte man kurzerhand die Juden für die Epidemie verantwortlich, wofür sie oft *ums* Leben *gebracht wurden*. (bezahlen)

....

....

2. Als einfache Tagelöhner *schlugen sich* zu Anfang des 19. Jahrhunderts viele Einwanderer *durchs Leben*. (schuften, Lebensunterhalt)

....

....

3. *Man konnte* die Verschütteten so lange *am Leben erhalten*, bis die Rettungsmannschaften zu ihnen vorgedrungen waren. (durchhalten)

....

....

4. Sie *steht mit beiden Beinen fest im Leben und* lässt sich nichts vormachen. (zu lebenstüchtig, Nebensatz)

....

....

5. Der Mann, *der sich das Leben nehmen wollte*, konnte im Laufe der Zeit von seinen Depressionen geheilt werden. (stark suizidgefährdet)

....

....

Aufgabe 2 - Lexikonarbeit

Suchen Sie mithilfe des Lexikons und der Wörter unten feste Wendungen zu den folgenden Substantiven und ergänzen Sie die Sätze.

auf - aus - ausüben - bringen - dafür - dazu - geben - geraten - haben - in - kommen - kommen - nehmen - zu - zum - zur - zur

a) „Wirkung"

1. Mit einem dezenten Make-up . . . . deine schönen Augen besser . . . . Wirkung, glaube ich.
2. Das neue Umfeld dürfte eine günstige Wirkung . . . . ihre psychische Stabilität . . . .
3. Mit einer kleinen Änderung der Schaufensterdekoration können die Bücher hübscher . . . . Wirkung . . . .

b) „Anlass"

1. Dieser Tag soll . . . . Anlass (. . . . . .). . . . . werden, der Toten des Bürgerkrieges auf beiden Seiten zu gedenken.
2. Wenn sie sich weiter so daneben benehmen, ... sie reichlich Anlass . . . . Kritik.
3. Wir . . . . allen Anlass (. . . . .), stolz auf das Ergebnis zu sein!

c) „Mode"

1. In diesem Jahr sind wieder die Ideen aus den siebziger Jahren . . . . . . Mode . . . .
2. Dagegen sind die schönen Schnitte und Formen des vergangenen Jahres völlig . . . . der Mode . . . .

Aufgabe 3 - Umformungen mit Modalverben (1)

Formen Sie die folgenden Sätze mithilfe der Wörter in den Klammern um.

Beispiel:

⇨ Dank ihrer Wendigkeit *können* die im Übrigen nicht allzu schnellen Tiere ihren Verfolgern entkommen. (Lage)
⇨ Dank ihrer Wendigkeit sind die im Übrigen nicht allzu schnellen Tiere dazu in der Lage, ihren Verfolgern zu entkommen.

1. In Zukunft *könnten* Erdbeben vorausgesagt werden, wenn ein Maximum an Daten genauestens erfasst wird. (denkbar, Genauigkeit)

. . . .

. . . .

2. Es ist als *gegeben vorauszusetzen*, dass ein Mensch in der „entwickelten" Welt mittlerweile neun Jahre seines Lebens vor einem Bildschirm verbringt. (müssen, ausgehen)

. . . .

. . . .

3. Ein solches Verhalten *mochte* auf den ersten Blick *befremden*, im Nachhinein war es jedoch durchaus verständlich. (können, erscheinen)

. . . .

. . . .

4. *Es* erscheint *notwendig*, ganze Landstriche unter Naturschutz zu stellen, um weiteren Eingriffen vorzubeugen. (müssen)

. . . .

. . . .

5. *Verlangt* man von den Schülern, sich mit derlei Aufgabenstellungen auseinanderzusetzen, so scheitern sie oft an der mangelnden Fähigkeit zum selbstständigen Denken. (wenn, sollen)

. . . .

. . . .

6. Er *konnte* seine Rührung nicht *in Worte fassen*. (gelingen, Ausdruck)

. . . .

7. *Es ist notwendig,* dass sich alle Seiten *nachgiebiger zeigen*, damit sich die Lage in der Regierung wieder einigermaßen stabilisiert. (einlenken, müssen)

. . . .

. . . .

8. Der vorliegende Fall *macht* eine eingehende *Untersuchung erforderlich*. (untersuchen)

. . . .

9. Wer unter diesen Umständen die Nerven behalten *kann*, muss in der Tat ein gelassener Mensch sein. (fertig bringen)

. . . .

. . . .

10. Dass Betroffene und Verantwortliche *die Bedeutung* der Geschehnisse *erkennen*, ist zu hoffen. (lernen können, Nebensatz)

. . . .

. . . .

Aufgabe 4 - VERBEN, VERBEN!

Formen Sie die folgenden Sätze mithilfe der in Klammern stehenden Angaben um.

A

Beispiel:

⇨ Dieser Schalter *dient* dazu, die Kaffeemaschine auf eine genaue Uhrzeit zu programmieren.

(1) (Zweck) ⇨ einen / den Zweck haben / erfüllen
⇨ Dieser Schalter *hat / erfüllt den Zweck*, die Kaffeemaschine auf eine genaue Uhrzeit zu programmieren.

(2) (mithilfe) ⇨ mithilfe + Gen.
⇨ Mithilfe dieses Schalters wird die Kaffeemaschine auf eine genaue Uhrzeit programmiert. /...kann die Kaffeemaschine auf eine genaue Uhrzeit programmiert werden.

1. abhängig sein
Die kleinen Satellitenstaaten wollten nicht länger von der Großmacht *abhängig* sein.

(autonom) . . . .

(Unabhängigkeit) . . . .

. . . .

2. abnehmen
Die Bedeutung der brieflichen Korrespondenz *nimmt immer weiter ab*.

(verlieren) . . . .

(gering) . . . .

3. absehen
Die Testergebnisse waren zufriedenstellend, *sieht* man einmal *davon ab*, dass die Patienten immer noch unter schwerem Schock standen.

(unberücksichtigt) . . . .

. . . .

(Rechnung, stellen) . . . .

. . . .

4. abverlangen
Will man auf diesem Sektor erfolgreich sein, so muss man dazu bereit sein, sich selbst *Opfer abzuverlangen*.

(hoher Preis) . . . .

. . . .

(großer Einsatz) . . . .

. . . .

5. amüsieren
Es *amüsierte* Holmes, als er sah, dass seine scharfsinnigen Schlussfolgerungen denen Watsons wieder einmal diametral entgegenstanden.

(Modalverb, lächeln) . . . .

. . . .

(lachen, Stille) . . . .

. . . .

6. anbieten I
Den Investoren wurde *angeboten*, zunächst nur einen Teil des Aktienpakets zu erwerben.

(Angebot machen) . . . .

(Wahl stehen) . . . .

7. anbieten II
Es *bietet* sich doch auch *an*, dass wir auf der Hinfahrt bei meinem Neffen vorbeischauen.

(Betracht) . . . .

. . . .

(können) . . . .

. . . .

8. ändern
Die Beziehungen zwischen den Generationen haben sich mittlerweile *geändert*.

(Wandel, durchmachen) . . . .

(anders umgehen) . . . .

9. angehen
Das Projekt soll nun in den nächsten Wochen *angegangen* werden.

(Wege) . . . .

(Angriff) . . . .

10. angewiesen sein
Noch Jahre nach seiner ersten Veröffentlichung war der zunächst noch unbekannte Autor auf *elterliche Unterstützung angewiesen.*

(Eltern, finanziell, Last) . . . .

. . . .

(können, ohne, Beine, stehen) . . . .

. . . .

11. ankommen
Um den Eindruck der Vollkommenheit zu erwecken, *kommt* es auf ein perfektes Zusammenspiel zwischen den Instrumentalisten des Streichquartetts *an*.

(*kein Nebensatz*, abhängen) ....

....

(ohne, *kein Nebensatz*, *Modalverb*) ....

....

12. Anlass geben
Dieses historische Datum *gibt* uns *Anlass* dazu, einen Ausblick in die Zukunft zu wagen.

(Rücksicht, *Modalverb, nur Hauptsatz*) ....

....

(veranlassen, *kein Nebensatz, „wagen" entfällt*) ....

....

13. annehmen
Zunächst wurde allgemein *angenommen*, dass der organisierte Terrorismus den Anschlag ausgeführt habe; später stellte sich aber heraus, dass ein rechtsradikaler Einwohner der Stadt der Täter war.

(glauben, Aktiv) ....

....

(Auffassung) ....

....

14. ansehen
Ich *sehe* es als meine Pflicht *an*, diesen Menschen in ihrer Not beizustehen.

(halten) ....

....

(fühlen, *„Pflicht" entfällt*) ....

(Fortsetzung folgt)

Aufgabe 5 - Umformung eines Textstückes

Formen Sie das folgende kurze Textstück so um, dass sein Sinn erhalten bleibt. Und nicht vergessen: möglicherweise müssen auch nicht kursiv gedruckte Wörter wegfallen!

Die Charaktere in seinem neuen Roman *sind nicht* gerade aus dem *Leben gegriffen*, sie wirken steril und künstlich. Es ist daher umso *erstaunlicher, welch reißenden* Absatz das Werk dennoch *findet*.	mangeln Authentizität, Eindruck verwundern, so viele kaufen, Passiv	*Den Charakteren ...*

Einheit 2

Der Grammatik - Tipp:

Auch in dieser Einheit geht es unter anderem noch einmal um M**odalverben (natürlich auch zur subjektiven Aussage)**; wenn es Ihre Zeit erlaubt, beschäftigen Sie sich doch auch mit den **Verben mit präpositionalem Objekt**.

Aufgabe 1 - Umformungen mit Funktionsverben: „Zweifel"

a) Ordnen Sie die folgenden Funktionsverben und festen Wendungen den entsprechenden Definitionen zu.

1		über jeden Zweifel (Verdacht) erhaben sein	A	sich über etwas nicht klar sein / werden
2		Zweifel hegen / haben an	B	es ist unzweifelhaft
3		über etwas im Zweifel sein / bleiben	C	ganz sicher sein, nicht zu bezweifeln
4		etwas in Zweifel ziehen / stellen	D	etwas bezweifeln
5		es besteht kein Zweifel an etwas	E	integer, rechtschaffen, redlich sein
6		außer Zweifel stehen	F	infrage stellen

b) Formen Sie nun die folgenden Sätze unter Zuhilfenahme der obigen Tabelle und der Angaben in den Klammern um.

Beispiel:

⇨ Ein Mitarbeiter des Unternehmens, dessen persönliche Integrität nicht zu bezweifeln war, gab den Journalisten schließlich den entscheidenden Tipp, wo sie mit ihrer Recherche beginnen sollten. (Zweifel, erhaben)

⇨ Ein Mitarbeiter des Unternehmens, der persönlich über jeden Zweifel erhaben war, gab den. Journalisten schließlich den entscheidenden Tipp, wo sie mit ihrer Recherche beginnen sollten.

1. Die Mannschaft *war sich ihres Sieges sicher* und so machte sie zu Beginn des Spieles einige dumme Fehler. (bestehen)

....

....

2. Die Richterin *misstraute* der Glaubwürdigkeit des Zeugen, weshalb sie ihm einige Fangfragen stellte. (hegen)

....

....

3. *Unfraglich* ist die Beteiligung aller Staaten dieser Welt an den modernen Kommunikationstechniken zu einer Entwicklungsvoraussetzung geworden (außer Zweifel)

....

....

c) Formen Sie auch hier die folgenden Sätze mithilfe der in Klammern stehenden Wörter um.

Beispiel:

⇨ Es besteht kein Zweifel daran, dass ein Ansteigen des Verbrauchs von fossilen Kraftstoffen schwerste Umweltschäden nach sich ziehen wird. (Sicherheit)

⇨ Mit Sicherheit wird ein Ansteigen des Verbrauchs von fossilen Brennstoffen schwerste Umweltschäden nach sich ziehen.

1. Sie *tut*, als sei sie *über jeden Zweifel erhaben*, dabei haben gestern einige gesehen, wie sie sich mit der Konkurrenz getroffen hat. (sich geben, integer)

....

....

2. Sicherlich kann alles *in Zweifel gezogen werden*, fraglich ist aber, ob der Mensch diese Unsicherheit aushält. (Bedenken)

. . . .

. . . .

3. Trotz aller *Vorschusslorbeeren* bin ich mir *im Zweifel darüber geblieben*, ob dieses Wunderwerk der Technik je zuverlässig arbeiten wird. (Voraus, loben, Vorbehalte)

. . . .

. . . .

Aufgabe 2 - Lexikonarbeit

Suchen Sie mithilfe des Lexikons und der Wörter unten feste Wendungen zu den folgenden Substantiven und ergänzen Sie die Sätze.

an - an - aufzeigen - befinden - dafür - darlegen - dazu - durch - erhärten - erklären - erläutern - halten - in - in - in - in - mit - nehmen - sein - sein - versetzen - vorangehen

a) „Lage"

1. Ich . . . . mich . . . . der erfreulichen Lage Ihnen mitteilen zu können, dass eine gütliche Lösung gefunden wurde.
2. . . . . dich doch ein einziges Mal . . . . . seine Lage!
3. Er . . . . durchaus . . . . der Lage, seine Angelegenheiten selbst zu regeln.

b) „Bereitschaft"

1. Wegen der zahlreichen Waldbrände . . . . sich die Feuerwehr . . . . ständiger Bereitschaft.
2. Unsere Nachbarn haben ihre Bereitschaft (. . . . .) . . . . , im Notfall auf unsere Kleine aufzupassen.

c) „Beispiel"

1. Ich möchte . . . . .einem Beispiel . . . ./ . . . . , was genau gemeint ist.
2. Man sollte seine Thesen . . . . Beispiele . . . . /. . . . .
3. . . . . dir ein Beispiel . . . . . deinen Geschwistern!
4. Die Vorkommnisse sollen ein Beispiel . . . . , wie man es nicht machen sollte.
5. . . . . ihr doch . . . . gutem Beispiel . . . . , wenn euch so viel daran liegt.

Aufgabe 3 - Zur Erinnerung: Umformungen mit Modalverben (2)

Formen Sie die folgenden Sätze mithilfe der Wörter in den Klammern um.

1. Lange *glaubte* man, dass das Auffinden eines preiswerten und geeigneten Impfstoffes gegen den HIV-Virus in relativ kurzer Zeit *möglich sei*. (Annahme, können)

....

....

2. Bereits seit dem 18. Jahrhundert *beschäftigten* sich einige Aufklärer mit der Frage, ob nicht auch das allgemeine Erziehungssystem zu reformieren *sei*. (wollen, nachgehen, müssen)

....

....

3. Sie *wollten* ein Netz gegenseitiger Verständigung *aufbauen*. (Ziel)

....

....

4. *Damit* dieses Kunstwerk von einem Kuchen gelingt, muss ein feinfühliger Bäcker die Ausführung des Rezepts übernehmen. (wenn)

....

....

5. Das jährliche Einfangen der Wildpferde *kann durchaus dramatisch* sein, da die kleinen und wendigen Tiere ihren Häschern oft genug ein *Schnippchen schlagen*. (gewisser, entwickeln, Verfolgung, entkommen)

....

....

6. Viele Zuschauer *mögen* zunächst gedacht haben, es handele sich *statt* um einen kleinen Unfall um einen Teil der Aufführung. (annehmen, Nebensatz, und)

....

....

7. Es ist ein Irrtum davon auszugehen, dass ein Rauchverbot im öffentlichen Raum *zwangsläufig* eine Abnahme des Tabakkonsums zur *Folge* hat. (führen, *Modalverb*)

....

....

8. Die günstigen Bedingungen *erlaubten* es ihr, sich ausschließlich mit dem neuen Projekt zu befassen. (dank, können)

....

....

9. Mit *sehr hoher Wahrscheinlichkeit* war der Einsatz ungeeigneter Gerätschaften für den entstandenen Schaden ursächlich. (müssen)

. . . .

. . . .

10. Vor einigen Jahrzehnten noch *dürften* nur wenige das rasante Fortschreiten der Technik für möglich gehalten haben. (es, ausgehen, Nebensatz)

. . . .

. . . .

Aufgabe 4 - VERBEN, VERBEN! 1. Fortsetzung

Formen Sie die folgenden Sätze mithilfe der in Klammern stehenden Angaben um.

... A

15. anwenden
Die Methode kann auch in schwerer wiegenden Fällen *angewendet werden*.

(Anwendung) . . . .

(verfahren) . . . .

16. arbeiten
Das technische Personal *arbeitet* an der Behebung des Schadens.

(Aufgabe) . . . .

(betrauen) . . . .

17. aufdecken
Während der Sitzung wurden vor den Teilnehmern die Mängel der geplanten Vorgehensweise *aufgedeckt*.

(Bewusstsein) . . . .

(Licht, *„vor den Teilnehmern" entfällt*) . . . .

. . . .

18. auffordern
Die zuständigen Stellen sind dazu *aufgefordert*, diese unhaltbare Situation zu beseitigen.

(mahnen, *kein Nebensatz*) . . . .

. . . .

(dringend, Appell) . . . .

. . . .

19. aufgehen
Der junge Physiker *ging* ganz in der Chaosforschung *auf.*

(widmen) ....

(wählen, ausschließlich, Betätigungsfeld) ....

....

20. aufhalten
Mozart *hielt* sich mit seinem Vater einige Wochen in Prag *auf,* wo seine Musik große Erfolge feierte und von den Pragern wirklich geliebt wurde.

(verbringen) ....

....

(halten) ....

....

21. aufteilen
Um die Suche erfolgreicher zu gestalten, wurden die Helfer in verschiedene Gruppen *aufgeteilt.*

(*kein Nebensatz*, teilen, *kein Passiv*) ....

....

(bilden) ....

....

22. aufweisen
Dieses Verhalten *weist* Züge von übertriebener Aufopferungsbereitschaft *auf.*

(tragen) ....

(eigen sein) ....

23. ausreichen
Es *reicht* nicht *aus,* die Krise in der Landwirtschaft nur notdürftig zu überbrücken, sondern es muss zu grundlegenden Änderungen kommen.

(wenig) ....

....

(können, einfach) ....

....

24. aussehen
Es *sieht* vermeintlich *so aus,* als wäre ein einziger Mensch dazu in der Lage, an den Grundfesten gesellschaftlichen Zusammenlebens zu rütteln.

(Anschein) ....

....

(Modalverb, meinen) ....

....

B

1. bedeuten
Die Anerkennung der gestellten Forderungen *bedeutet* praktisch eine Änderung der bisherigen Grenzziehung.

(durch, vollziehen) . . . .

. . . .

(identisch) . . . .

. . . .

2. bedienen
Ärzte *bedienen* sich einer immer ausgefeilteren Technologie, um erfolgreich behandeln zu können.

(zu Nutze) . . . .

(groß, Rolle, „ausgefeilt" entfällt) . . . .

. . . .

3. bedingt sein
Der Anstieg der schädlichen Werte ist durch das langsame, aber stetige Steigen der Temperatur *bedingt*.

(sich ergeben). . . . .

. . . .

(Ursache) . . . .

. . . .

4. beeinträchtigen
Der Fortgang der Friedensverhandlungen wird durch die Aktionen militanter Splittergruppen *beeinträchtigt*.

(Wege). . . . .

. . . .

(vorwärts kommen, „Fortgang" entfällt) . . . .

. . . .

(Fortsetzung folgt)

Aufgabe 5 - Umformung eines Textstückes

Formen Sie das folgende kurze Textstück so um, dass sein Sinn erhalten bleibt. Und nicht vergessen: möglicherweise müssen auch nicht kursiv gedruckte Wörter wegfallen!

Es steht für alle Seiten *außer Zweifel,* dass trotz der Schwierigkeiten eine erneute Annäherung versucht werden muss. Durch das *Beispiel* des Nachbarlandes, das sich durch seine unflexible Haltung nunmehr in einer *fast aussichtslosen* Lage befindet, ist der politischen Führung *klar geworden*, dass eine *Lösung* gemeinsam gefunden werden muss.	einig Situation Sackgasse geraten zeigen Ausweg suchen	*Alle Seiten ...* *Die Situation ...*

Einheit 3

Der Grammatik - Tipp:

In den folgenden drei Einheiten werden Umformungen mit dem **Passiv** genauer unter die Lupe genommen; sinnvoll ist es ebenfalls, einen Blick auf die **Verben in festen Verbindungen** zu werfen.

Aufgabe 1 - Umformungen mit Funktionsverben: „Ende"

a) Ordnen Sie die folgenden Funktionsverben und festen Wendungen den entsprechenden Definitionen zu.

1		etwas am falschen / verkehrten / richtigen Ende anfassen	A	aufhören, allmählich aufgebraucht sein
2		zu Ende gehen	B	etwas falsch / richtig anstellen, etwas
3		etwas zu Ende führen, bringen	C	nicht aufhören (können)
4		kein Ende / nie ein Ende finden	D	sich umbringen, Selbstmord begehen
5		seinem Leben ein Ende machen / setzen	E	nicht gut ausgehen, schlimm enden
6		am Ende sein	F	etwas zum Abschluss bringen, etwas beenden
7		mit etwas ein Ende machen	G	etwas abschaffen, etwas endgültig beenden
8		ein böses / kein gutes Ende nehmen	H	sehr müde, erschöpft sein

b) Formen Sie nun die folgenden Sätze unter Zuhilfenahme der obigen Tabelle und der Angaben in den Klammern um.

Beispiel:

⇨ Bei den herrschenden Zuständen war von vornherein *nicht* anzunehmen, dass die Entwicklung *eine positive Wendung* nehmen würde. (böse, Ende)

⇨ Bei den herrschenden Zuständen war von vornherein anzunehmen, dass die Entwicklung ein böses Ende nehmen würde.

1. Ich glaube, er hat bei seiner Bewerbung genau das *Richtige gesagt und getan*, sonst hätte er die Stelle wohl kaum bekommen. (Ende, anfassen)

....

....

2. Man sollte meinen, es sei nicht allzu schwierig, bestimmte, allen abträgliche Missstände *aus der Welt zu schaffen,* aber siehe da, der Mensch erweist sich als nahezu unbelehrbar. (Ende, machen)

....

....

3. Wenn er erst einmal mit seinen alten Geschichten anfängt, kann er *nicht* mehr *aufhören zu erzählen.* (Ende finden)

....

....

4. Es war abzusehen, dass sich ihre Vorräte *nicht mehr lange halten würden*, sollte sich die Rettung noch weiter hinauszögern. (Ende, gehen)

....

....

c) Formen Sie auch hier die folgenden Sätze mithilfe der in Klammern stehenden Wörter um.

Beispiel:

⇨ Nach dem Erscheinen von Goethes „Werther" *setzte* eine ganze Reihe von jungen Menschen *ihrem Leben ein Ende*. (kommen, Selbstmord)

⇨ Nach dem Erscheinen von Goethes „Werther" kam es bei einer ganzen Reihe von jungen Menschen zu Selbstmorden.

1. Die erschrockenen Verwandten glaubten, es werde noch *ein* böses *Ende* mit ihm nehmen, doch zu allseitiger Überraschung sollte sein späterer Werdegang sie eines Besseren belehren. (ausgehen)

....

....

2. Es hat keinen Sinn, tausend Dinge zu beginnen und sie dann *nicht zu Ende zu führen*! (liegen lassen)

....

....

3. Die Marathon-Läuferin war so *am Ende*, dass sie im Stadion fast zusammenbrach, doch unter dem angehaltenen Atem der Zuschauer schaffte sie es bis zum Ziel. (Erschöpfung)

....

....

4. Wenn du mich fragst, dann *mach* mit dieser unglücklichen Beziehung *ein Ende* und du wirst dich langsam besser fühlen. (Schlussstrich ziehen)

....

....

Aufgabe 2 - Lexikonarbeit

Suchen Sie mithilfe des Lexikons und der Wörter unten feste Wendungen zu den folgenden Substantiven und ergänzen Sie die Sätze.

außer - außer - bleiben - bringen - bringen - dadurch - geraten - in - in - in - in - in - kommen - lassen - mit - mit - sehen - stehen - ziehen - zur - zwischen

a) „Verzweiflung"

1. Du .... mich .... Verzweiflung mit deiner Langsamkeit!
2. ...., dass sie völlig von der Außenwelt abgeschnitten waren, ... die Dorfbewohner angesichts der Lebensmittelknappheit langsam .... Verzweiflung.

b) „Zusammenhang"

1. Die inflationären Tendenzen .... engem Zusammenhang .... dem Anstieg der Erdölpreise.
2. Fachleute .... einen Zusammenhang.......... der Erkrankung der Tiere und ähnlichen Krankheitsbildern beim Menschen.
3. Es ist angebracht, den überstürzten Rücktritt des Direktors .... dem Einbruch der Aktien der Gesellschaft ..... Zusammenhang zu ....

c) „Betracht"

1. Bei unserer kurzen Zusammenfassung müssen leider viele Einzelheiten . . . . Betracht . . . .
2. Zur Bewältigung der Verkehrsprobleme . . . . die Stadtplaner nun auch die Wiederbelebung der Straßenbahn . . . . . . Betracht.
3. Ich . . . . in der Folge das Frühwerk des Komponisten erst einmal . . . . Betracht und komme später darauf zurück.
4. Es . . . . verschiedene Lösungswege . . . . . Betracht.

Aufgabe 3 - Umformungen mit dem Passiv (1)

Formen Sie die folgenden Sätze mithilfe der Wörter in den Klammern um.

Beispiel:

⇨ Der Nachweis der Schädlichkeit von Nikotin *gilt* mittlerweile als gesichert. (ansehen, *Passiv*)
⇨ Der Nachweis der Schädlichkeit von Nikotin wird mittlerweile als gesichert angesehen.

1. Nach der *Auflösung* der Demonstration kam es zu *gewaltsamen Ausschreitungen* zwischen Demonstranten und der Polizei (auflösen, *Passiv,* liefern, Straßenschlachten)

. . . .

. . . .

2. Der Betrachter *sieht* den Produkten im Prospekt *nicht an*, von welcher Qualität die Materialien und wie sie verarbeitet sind. (so, präsentieren, *Passiv,* erkennen)

. . . .

. . . .

3. Eine ausgefeilte Technik wird von den Künstlern *angewendet*, damit der Eindruck der Plastizität *entsteht*. (bedienen, erwecken)

. . . .

. . . .

4. Nachdem die Kandidaten die Testfragen *erhalten* hatten, wurde ihnen *hinreichend Zeit gegeben*, um sich eine geeignete Strategie auszudenken. (vorgelegt, können, Ruhe)

. . . .

. . . .

5. Nach Kriegsende *entwickelte* sich sehr schnell ein *gut bestückter* Schwarzmarkt. (viel, Waren, anbieten, *Passiv*)

. . . .

. . . .

6. Das Getränk *hatte* eine hohe Dosis des tödlichen Gifts *enthalten*, doch zum Glück *konnten* die Opfer noch rechtzeitig *gerettet* werden (beimischen, *Passiv,* Hilfe, kommen)

. . . .

. . . .

7. Durch die Veränderungen in der Alterspyramide wird die künftige Rentenpolitik auf eine *harte Probe gestellt.* (darstellen, Herausforderung)

. . . .

. . . .

8. *Um* den alten Stadtkern *herum* entstanden immer neue Siedlungen, in denen jeweils die Angehörigen eines bestimmten Berufsstandes ihren *Beschäftigungen nachgingen.* (erweitern, *Passiv,* niederlassen)

. . . .

. . . .

9. Die neuen Wirtschaftsdaten wurden bezeichnenderweise erst nach den Wahlen *veröffentlicht.* (erfahren, Öffentlichkeit)

. . . .

. . . .

10. Wegen der Überflutungen wird auch mit einem Ausfall der Strom- und Wasserversorgung *gerechnet.* (dürfen, bevorstehen)

. . . .

. . . .

Aufgabe 4 - VERBEN, VERBEN! 2. Fortsetzung

Formen Sie die folgenden Sätze mithilfe der in Klammern stehenden Angaben um.

... B

5. beenden
Die Bauarbeiten an der neuen Umgehungsstraße sollen Anfang des kommenden Jahres *beendet* werden.
(Verkehr, freigeben, *„Bauarbeiten" entfällt*). . . . .

. . . .

(Abschluss) . . . .

. . . .

6. beginnen
Wenn du aus dieser Klemme jemals herauskommen willst, musst du heute damit *beginnen.*
(Anfang). . . . .

. . . .

(morgen, warten) . . . .

. . . .

7. beharren
Der zurückgetretene Innenminister *beharrte* darauf, von den Vorgängen nichts gewusst zu haben.
(Modalverb). . . . .

. . . .

(ablassen, behaupten) . . . .

. . . .

8. bekannt I
Schon den Forschern der Antike waren bestimmte astronomische Gesetze und Zusammenhänge *bekannt*.
(berichten). . . . .

. . . .

(wissen) . . . .

. . . .

9. bekannt II
Es ist bereits *bekannt* geworden, dass der Verteidigungsminister nach der Reihe von Skandalen zurücktreten wird.
(Öffentlichkeit). . . . .

. . . .

(herumsprechen) . . . .

. . . .

10. benutzen
Die Landwirte dieser Region *benutzen* bewusst weiter die alten Anbaumethoden.
(Gebrauch). . . . .

. . . .

(anbauen) . . . .

. . . .

11. berücksichtigen
Bei der Bewertung der Umfrageergebnisse muss *berücksichtigt* werden, dass die Befragten noch unter dem Eindruck der vorausgegangenen Ereignisse standen.
(außer Acht lassen). . . . .

. . . .

(Einbeziehung, Umstand, erfolgen) . . . .

. . . .

12. beruhen
Dieser Irrtum kann einzig auf einer Fehlinformation *beruhen*.
(begründet sein). . . . .

. . . .

(führen) . . . .

. . . .

13. berühren
Oft nur unbedeutend erscheinende Vorkommnisse können unbemerkt tiefere Schichten unseres Empfindungsvermögens *berühren* und zu zunächst unverständlichen Reaktionen führen.

(auswirken). . . . .

. . . .

(ausüben) . . . .

. . . .

14. beschaffen sein
Die neuen Stoffe sind so *beschaffen*, dass sie zugleich wasserabweisend und luftdurchlässig sind.

(solche Beschaffenheit). . . . .

. . . .

(Eigenschaft) . . . .

. . . .

15. beschäftigen
Bereits in einem frühen Stadium seiner Forschungen *beschäftigte* er sich mit der Frage, wie Kinder ihre Muttersprache erlernen.

(Gegenstand). . . . .

. . . .

(nachgehen) . . . .

. . . .

16. bestehen
Die Ursache für die nur ungenaue Datierung der Ereignisse *besteht* darin, dass die Quellenlage äußerst schlecht ist.

(bedingt). . . . .

. . . .

(zurückführen, *nur Hauptsatz*) . . . .

. . . .

17. bestehen
Die Entführer *bestritten* nicht, Anhänger des untergetauchten Rebellenführers zu sein.

(Hehl). . . . .

. . . .

(zugeben) . . . .

. . . .

18. betäuben
Er versucht, sich durch übermäßigen Alkoholkonsum gegen den seelischen Schmerz zu *betäuben*.

(unempfindlich). . . . .

. . . .

(ertragen) . . . .

. . . .

(Fortsetzung folgt)

Aufgabe 5 - Umformung eines Textstückes

Formen Sie das folgende kurze Textstück so um, dass sein Sinn erhalten bleibt. Und nicht vergessen: möglicherweise müssen auch nicht kursiv gedruckte Wörter wegfallen!

Es *kann* nicht *angehen*, dass Fragen zu dem weitreichenden Handelsabkommen in den Medien nicht *berücksichtigt* werden, denn hiermit *stehen* bestimmte Folgen für die beteiligten Länder *in Zusammenhang*, für die ein *Aufklärungsbedürfnis* besteht. Soll die Zusammenarbeit zwischen den Partnern des Abkommens erfolgreich *zu Ende geführt* werden, so kann dies nicht *vorbei* an den Menschen *geschehen*.	dürfen Betracht verbinden Aufklärung Abschluss einbeziehen	*Die Fragen …*

Einheit 4

Der Grammatik - Tipp:

Vergessen Sie nicht das **Zustandspassiv**! Gut wäre es außerdem, wenn Sie sich außerdem noch einmal **Verben mit dass - Sätzen oder Infinitivkonstruktionen** ins Gedächtnis rufen würden.

Aufgabe 1 - Umformungen mit Funktionsverben: „Ruhe"

a) Ordnen Sie die folgenden Funktionsverben und festen Wendungen den entsprechenden Definitionen zu.

1		sich (nicht) aus der Ruhe bringen lassen	A	(nicht) leise, still, ruhig sein
2		sich zur Ruhe begeben	B	schlafen gehen
3		(keine) Ruhe geben	C	Ruhe herstellen, dafür sorgen, dass Ruhe einkehrt
4		zur Ruhe kommen / Ruhe finden	D	in Rente gehen, sich pensionieren lassen, aus dem Arbeitsprozess ausscheiden
5		sich zur Ruhe setzen	E	gelassen bleiben, (nicht) nervös werden
6		jemanden oder etwas in / jemandem seine Ruhe lassen	F	sich beruhigen, ein inneres Gleichgewicht finden
7		für Ruhe sorgen	G	gelassen sein, ein dickes Fell haben, nicht zu erschüttern sein
8		die Ruhe weghaben	H	jemanden beunruhigen, jemanden aufregen
9		jemanden nicht in / jemandem keine Ruhe lassen	I	jemanden nicht stören, jemanden unbehelligt lassen

b) Formen Sie nun die folgenden Sätze unter Zuhilfenahme der obigen Tabelle und der Angaben in den Klammern um.

Beispiel:

⇨ Wenn ihr nicht *mit dem Lärm aufhört*, kann ich mit dem Unterricht nicht fortfahren und erledige in Zwischenzeit etwas anderes. *(Ruhe)*

⇨ Wenn ihr keine Ruhe gebt, kann ich mit dem Unterricht nicht fortfahren und erledige in der Zwischenzeit etwas anderes.

1. Trotz der schwierigen Umstände *verloren* sie nicht *ihre Besonnenheit* und retteten so die unangenehme Situation. (Ruhe, bringen)

....

....

2. Nach fast fünfzigjähriger Tätigkeit als Leiter des Unternehmens zog er sich *ins Privatleben zurück*. (Ruhe, setzen)

....

....

3. In diesem Beruf muss man schon ein dickes Fell haben! (Ruhe, weg)

....

....

4. Wenn du nicht gleich *aufhörst*, deine kleine Schwester *zu ärgern*, bleibst du heute Abend in deinem Zimmer, statt zum Fußball zu gehen! (Ruhe, lassen)

....

....

5. Vergeblich bemühte sich der Redner darum, die aufgeregt durcheinander rufenden Streikenden dazu zu *bringen, ihm zuzuhören*. (Ruhe, sorgen)

. . . .

. . . .

c) Formen Sie auch hier die folgenden Sätze mithilfe der in Klammern stehenden Wörter um.

Beispiel:

⇨ Nach dem üppigen Mittagessen *begaben* sich die Gäste erschöpft und müde *zur Ruhe*. (wollen, Nickerchen)

⇨ Nach dem üppigen Mittagessen wollten die erschöpften und müden Gäste ein Nickerchen machen.

1. *Es lässt mir keine Ruhe,* dass dem Kollegen Machtnix in dieser wichtigen Sache ein Fehler unterlaufen sein könnte. (größt~, Sorgen)

. . . .

. . . .

2. Könnt ihr nicht *mal einen Moment Ruhe geben*? Wie soll man sich bei diesem Lärm bloß konzentrieren? (müssen, laut)

. . . .

. . . .

3. Ein ereignisreiches, aber anstrengendes Jahr war vorübergegangen und nun hofften beide, in einem ausgedehnten Faulenzerurlaub *zur Ruhe zu kommen*. (ausruhen)

. . . .

. . . .

4. Der neue Kollege ist noch so unsicher, dass er sich bei der geringsten Gelegenheit *aus der Ruhe bringen lässt.* Aber das geht vorüber! (Selbstsicherheit, verlieren)

. . . .

. . . .

Aufgabe 2 - Lexikonarbeit

Suchen Sie mithilfe des Lexikons und der Wörter unten feste Wendungen zu den folgenden Substantiven und ergänzen Sie die Sätze.

auf - aufnehmen - bringen - dadurch - eintreten - eintreten - für - in - in - kommen - mit - mit - miteinander - miteinander - stehen

a) „Verhandlung"

1. Langjährige Spannungen zwischen den beiden Nachbarstaaten gingen voraus, bis sie endlich . . . . . Verhandlungen . . . .
2. Die Vertragsparteien . . . . Verhandlungen . . . . , um das Projekt rechtzeitig zum Abschluss zu bringen.

b) „Idee"

1. Wie bist du bloß . . . . . die Idee . . . . , bei dieser Kälte alle Fenster aufzureißen?
2. Jahrelang . . . . die Umweltinitiativen . . . . . . ihre Ideen . . . . . und wurden von allen belächelt, nun sind sie festes Programm der Politik geworden.

c) „Einklang"

1. Die Vorschläge des neuen Werbestrategen . . . . völlig . . . . Einklang . . . . . . der Unternehmenspolitik.
2. Die Ansprüche der Kunden sind nur . . . . den Ansprüchen des Unternehmens . . . . . . Einklang zu . . . . , dass mehr Personal eingestellt wird.

Aufgabe 3 - Umformungen mit dem Passiv (2)

Formen Sie die folgenden Sätze mithilfe der Wörter in den Klammern um.

1. Für die genaue Erfassung der Verkehrsbewegungen auf den Innenstadtstraßen werden noch zusätzliche Daten *benötigt*. (vonnöten)

. . . .

. . . .

2. Die Krankheit war durch Bakterien *verbreitet* worden, die sich auf Grund unsachgemäßer Verarbeitung in verschiedenen Lebensmitteln *fanden*. (können, ausbreiten, ausfindig machen, *Passiv*)

. . . .

. . . .

3. Nach dem vorsichtigen Abtragen der Erdschicht *kennzeichnen und katalogisieren die Archäologen* sämtliche Fundstücke (versehen, *Passiv,* Verzeichnis, aufnehmen, *Passiv*)

. . . .

. . . .

4. Viele Kandidaten wurden bereits durch die Aufnahmeprüfung *ausgeschlossen*. (bestehen)

. . . .

. . . .

5. Oft wird darüber *geklagt*, dass die Lebensqualität in den Städten rapide *abgenommen* hat, während auf dem Land die beruflichen Möglichkeiten äußerst *beschränkt sind*. (Klagen, hören, Abnahme, bestehen)

. . . .

. . . .

6. Die positive Wirkung dieses einfachen Hausmittels wurde von Medizinern lange Zeit *unterschätzt*. (täuschen, hinsichtlich)

. . . .

. . . .

7. In fast allen Epochen der dokumentierten Geschichte der Menschheit wird von revolutionären Bewegungen *berichtet*. (vorkommen)

....

....

8. Eine nicht überschaubare Zahl von Datenbanken *enthält* bereits zahlreiche Daten aus der Persönlichkeitssphäre der Bürger. (speichern)

....

....

9. Durch eine umfassende Aufklärung könnte wahrscheinlich eine erhebliche Anzahl von Menschen dazu *gebracht* werden, vorbeugend etwas gegen Herz- und Kreislaufleiden zu unternehmen. (wenn, durchführen, *Passiv*)

....

....

10. *Ziel* ist es, den Anteil beschäftigungsloser Frauen über 45 Jahre *so weit wie möglich zu reduzieren*. (sollen, möglichst, Hälfte, senken, *Passiv*)

....

....

Aufgabe 4 - VERBEN, VERBEN! 3. Fortsetzung

... B

19. beteiligen
Die Jugendmannschaft des Vereins war an den Wettkämpfen nicht *beteiligt*.

(Partie, sein)..

....

(Teilnahme, ausschließen) ....

....

20. betrachten
Wenn man die Ereignisse des letzten halben Jahres kritisch *betrachtet*, kommt man zu dem Schluss, dass dringender Handlungsbedarf besteht.

(Betrachtung)..

....

(Lupe) ....

....

21. betragen
Der Schaden für die Umwelt *beträgt* ein Vielfaches dessen, was zuvor angenommen wurde.
(ansetzen). . . . .
. . . .
(belaufen, *kein Nebensatz*) . . . .
. . . .

22. beweisen
Das Forscherteam wollte die Unschlüssigkeit der Argumente *beweisen*.
(entkräften). . . . .
. . . .
(Beweis) . . . .
. . . .

23. bewirken
Die regelmäßige Einnahme des Medikaments *bewirkte* nicht die gewünschten *Ergebnisse*.
(verfehlen, Wirkung). . . . .
. . . .
(ziehen, Wirkung) . . . .
. . . .

24. bezweifeln
Niemand *bezweifelt* die großen Leistungen dieser Pioniere der Wissenschaft.
(ziehen). . . . .
. . . .
(überzeugt, Größe) . . . .
. . . .

25. bieten
Das neue Kulturzentrum *bietet* Veranstaltern wie Besuchern vielfältige *Nutzungsmöglichkeiten*.
(Weise, nutzen). . . . .
. . . .
(Gelegenheit, nutzen) . . . .
. . . .

26. brauchen I
Es wird noch einige Zeit *brauchen*, bis alte Kaufgewohnheiten durch den Einkauf im Internet *abgelöst* werden.
(Aufgabe, hinziehen, *kein Nebensatz*). . . . .
. . . .
(Aufgabe, erfolgen, langsamer, erwartet, *nur Hauptsatz*) . . . .
. . . .

27. brauchen II
Schlafsäcke und Zelte werden bei dieser Unternehmung nicht *gebraucht*.

(überflüssig). . . . .

. . . .

(nötig) . . . .

. . . .

D

1. darstellen
Auf dem Gemälde wird der Herbst als Früchte tragende Gottheit *dargestellt*.

(Gestalt, auftreten). . . . .

. . . .

(wiedergeben) . . . .

. . . .

2. denken
Dabei *denken* wir zunächst an die ursprüngliche Architektur, bei der den Bewohnern oft eine optimale Anpassung an die natürlichen Bedingungen gelang.

(meinen). . . . .

. . . .

(Sinn) . . . .

. . . .

3. durchmachen
Die Beziehungen zwischen den Generationen haben, zumindest oberflächlich besehen, einen starken Wandel *durchgemacht*.

(ändern). . . . .

. . . .

(„stark" und „Wandel" entfallen, dieselben sein) . . . .

. . . .

4. durchschauen
Das Verhalten der Testpersonen lässt sich leicht *durchschauen*, wenn man sie auf frühere Erfahrungen hin befragt.

(nachvollziehbar). . . . .

. . . .

(Klarheit gewinnen) . . . .

. . . .

(Fortsetzung folgt)

Aufgabe 5 - Umformung eines Textstückes

Formen Sie das folgende kurze Textstück so um, dass sein Sinn erhalten bleibt. Und nicht vergessen: möglicherweise müssen auch nicht kursiv gedruckte Wörter wegfallen!

Der Mensch *befindet sich* in unserer Gesellschaft in dem *Dilemma*, den Ansprüchen Dritter, etwa im Beruf, und seinen persönlichen Bedürfnissen *gerecht werden zu wollen*. Er lebt in nahezu *ständiger Anspannung*, rennt und hastet, besessen von der *fixen Idee,* es sonst nicht schaffen zu können.	Schwierigkeit Einklang Ruhe und, hartnäckig festhalten	*Der Mensch ...*

Einheit 5

Der Grammatik - Tipp:

Nehmen Sie sich doch einmal die **Demonstrativ-** und **die indefiniten Pronomen** vor, damit deren Gebrauch und Deklination Ihnen keine Schwierigkeiten bereitet.

Aufgabe 1 - Umformungen mit Funktionsverben: „Hand“

a) Ordnen Sie die folgenden Funktionsverben und festen Wendungen den entsprechenden Definitionen zu.

1		jemandem etwas an die Hand geben	A	eine Gelegenheit ohne langes Zögern nutzen,ein Angebot gern annehmen
2		mit beiden Händen zugreifen	B	etwas von anderen erledigen lassen, auf etwas verzichten
3		etwas aus der Hand geben	C	etwas erledigen, die Verantwortung für etwas übernehmen
4		jemanden bei der Hand nehmen	D	jemanden / etwas in der Gewalt haben, über jemanden / etwas verfügen
5		jemandem / einer Sache in die Hände arbeiten	E	nichts tun, untätig sein
6		jemanden / etwas in der Hand haben	F	jemandem etwas zur Verfügung stellen
7		etwas in die Hand nehmen	G	jemandem mit etwas Vorschub leisten, jemandem nützen
8		in guten / schlechten Händen sein	H	gut / schlecht versorgt sein, betreut werden
9		mit leeren Händen kommen	I	mithelfen, selbst etwas tun
10		jemanden an der Hand haben	J	jemandem helfen, behilflich sein
11		jemandem zur / an die Hand gehen	K	jemanden kennen, dessen Dienste oder Ähnliches man in Anspruch nehmen kann
12		die Hand / seine Hände im Spiel haben	L	jemanden führen, jemanden anleiten
13		seine / die Hände in den Schoß legen	M	ohne etwas mitzubringen, ohne Geschenk oder gute Nachricht kommen
14		(selbst) mit Hand anlegen	N	an etwas heimlich mitwirken

b) Formen Sie nun die folgenden Sätze unter Zuhilfenahme der obigen Tabelle und der Angaben in den Klammern um.

Beispiel:

⇨ Dem kleinen Max *ging* es bei seiner Großmutter gut. (sein, Hand)

⇨ Der kleine Max war bei seiner Großmutter in guten Händen.

1. Leider waren alle Geschäfte schon zu und so *konnten* wir dem Geburtstagskind *nicht einmal* Blumen *mitbringen*. (leer, Hände)

....

....

2. Der Bürgermeister selbst *leistete* beim Wiederaufbau des Kindergartens *tätige Mithilfe.* (anlegen, Hand)

....

....

3. Diese günstige Gelegenheit sollte man *auf keinen Fall versäumen*! (beide, Hände, zugreifen)

....

....

4. Sei so lieb und *hilf* deiner Schwester beim Autowaschen. (gehen, Hand)

. . . .

. . . .

5. Ich kenne den Freund des Cousins fünften Grades der Gattin des Bruders des Personalschefs ganz gut, vielleicht könnte der *sich für dich stark machen*! (Sache, Hand, nehmen)

. . . .

. . . .

6. Die bisherige Vorsitzende des Ausschusses ist von ihrem Amt aus Gesundheitsgründen *zurückgetreten*. (Hand, geben)

. . . .

. . . .

c) Formen Sie auch hier die folgenden Sätze mithilfe der in Klammern stehenden Wörter um.

Beispiel:

⇨ Nach so viel Arbeit wollten sie am Sonntag *die Hände in den Schoß* legen. (beabsichtigen, ausruhen)

⇨ Nach so viel Arbeit beabsichtigten sie, sich am Sonntag auszuruhen.

1. Den Schülern könnte geholfen werden, wenn ihnen bessere Hilfs- und Lehrmittel *an die Hand gegeben* würden. (Verfügung)

. . . .

. . . .

2. Anna, sei bitte so nett und *nimm* den neuen Kollegen ein bisschen *bei der Hand*, damit er die Arbeitsabläufe in der Abteilung kennen lernt. (kümmern)

. . . .

. . . .

3. Das *nehmen* wir wohl besser selber in die Hand. (erledigen)

. . . .

. . . .

4. Bei der Aufdeckung des Finanzierungsskandals kam ans Tageslicht, dass diverse Persönlichkeiten aus Wirtschaft und Politik *ihre Hände im Spiel hatten*. (Mitwirkung)

. . . .

. . . .

5. Durch seine wohlplatzierten Äußerungen arbeitete der Kanzler dem Rücktritt des Oppositionsführers *in die Hände*. (Folge)

. . . .

. . . .

6. Man hat den Eindruck, dass er seine Frau *ganz in der Hand hat*. (bevormunden)

. . . .

Aufgabe 2 - Lexikonarbeit

Suchen Sie mithilfe des Lexikons und der Wörter unten feste Wendungen zu den folgenden Substantiven und ergänzen Sie die Sätze.

an - bei - darüber - darüber - erlangen - ernten - erregen - für - mit - nehmen - sagen - üben - verschaffen

a) „Gewissheit"

1. Mittlerweile kann man . . . . . . Gewissheit . . . . , dass Rauchen Krebs verursacht.
2. Bevor eine Entscheidung getroffen werden kann, muss sich die zuständige Seite . . . . Gewissheit . . . . , ob die Angaben zutreffen.
3. Nunmehr hatten sie Gewissheit . . . . , dass ein Fall von Firmenspionage vorlag.

b) „Anstoß"

1. Alle Anwesenden . . . . dem unhöflichen Benehmen des Gastes Anstoß.
2. Die Schlammschlacht im Parlament . . . . laut einer Umfrage . . . . der Wahlbevölkerung Anstoß.

c) „Kritik"

1. . . . . . . ihren Vorschlag . . . . die Abgeordnete nicht nur Kritik, sondern auch viel Zustimmung.
2. Es ist sicher wünschenswert, dass Schüler lernen, Kritik zu . . . ., sofern diese substanziell ist.

Aufgabe 3 - Umformungen mit dem Passiv (3)

Formen Sie die folgenden Sätze mithilfe der Wörter in den Klammern um.

1. Das Stadtviertel hatte durch die geschickten städtebaulichen Maßnahmen *sein* Gesicht vollkommen *verändert*. (verleihen, neu)

. . . .

. . . .

2. Dank der verstärkten Förderung der Winzer durch das Agrarministerium wird der heimische Wein mittlerweile *auf eine Stufe* mit den besten Erzeugnissen des Auslandes *gestellt*. (sich unterscheiden, nichts mehr)

. . . .

. . . .

3. Für eine gelungene Durchführung der Spiele werden freiwillige Helfer *benötigt*. (unentbehrlich)

....

....

4. Eine ganze Epoche lang wurde die Seefahrt nach Indien und damit auch der Gewürzhandel von den Portugiesen *dominiert*. (Händen, liegen)

....

....

5. Die Frage nach der Erzählerabsicht wird durch den Autor selbst bereits in der Einleitung zum Buch *beantwortet*. (finden)

....

....

6. Noch konnte *niemand* die Zahl der bei dem Anschlag Verletzten *nennen*. (es, Angaben machen)

....

....

7. Um ein besseres Klima in den Schulen zu schaffen, müssen alle Beteiligten einen *Beitrag leisten*. (Zugeständnis, abverlangen, *Passiv*)

....

....

8. Den veränderten Umständen musste schnellstens *Rechnung getragen* worden. (Berücksichtigung)

....

....

9. Je die Hälfte der Testpersonen wurde einer Versuchs- und einer Kontrollgruppe *zugeteilt*. (ergeben)

....

....

10. In den nunmehr geöffneten Archiven waren zahlreiche Zeugnisse zu den Vorgängen, die lange im Dunkeln lagen, *aufgefunden worden*. (bergen)

....

....

Aufgabe 4 - VERBEN, VERBEN! 4. Fortsetzung

E

1. sich eignen
Dieser Standort *eignet* sich für den Bau der Anlage.

(Betracht). . . . .

(sollen, „Bau" entfällt) . . . .

2. einbeziehen
Gerade Kinder und Jugendliche aus problematischen Familien müssen in dieses Programm *einbezogen* werden, wenn es Erfolg haben soll.

(ausnehmen). . . . .

. . . .

(berücksichtigen) . . . .

. . . .

3. einführen I

Der Händler *führt* sämtliche Ersatzteile *ein*.

(beliefern, *Passiv*). . . . .

4. einführen II
Indem Wortschöpfungen und Fremdwörter in die Sprache *eingeführt* werden, wird sie den jeweiligen Kommunikationsbedürfnissen angepasst.

(bereichern, Passiv). . . . .

. . . .

5. eingestellt sein
Diese Schule ist ganz auf die Betreuung hoch begabter Kinder *eingestellt*.

(richten, Aufmerksamkeit). . . . .

. . . .

(befassen, „ganz" entfällt, ausschließlich) . . . .

. . . .

6. einhergehen
Mit der Umstrukturierung des Systems des öffentlichen Nahverkehrs *ging* eine Verbesserung der Lebensqualität *einher*.

(begleiten). . . . .

. . . .

(Folge) . . . .

. . . .

7. einigen
Wir *einigten* uns auf ein recht exotisches Menu.

(entscheiden). . . . .

(übereinkommen, bestellen). . . . .

. . . .

8. einprägen
Die Professorin *prägte* ihren Studenten den Erkenntniswert der Entdeckung *ein*.
(nachdrücklich hinweisen). . . . .
. . . .
(vertraut) . . . .
. . . .

9. empfinden
Die beiden Schwestern *empfanden* trotz der großen räumlichen Trennung *viel füreinander.*
(Sympathie, verbinden). . . . .
(Augen, verlieren) . . . .

10. entfernt sein
Die Verantwortlichen waren zunächst *weit davon entfernt*, den stillgelegten Flughafen in eine Parkanlage umzuwandeln.
(keineswegs, *Modalverb*). . . . .
. . . .
(*Modalverb*, Dafürhalten) . . . .
. . . .

11. enträtseln
Bis heute ist es nicht gelungen, die Schrift Linear A zu *enträtseln*.
(Entschlüsselung). . . . .
(bleiben, verschlüsseln, „gelungen" entfällt) . . . .

12. entschädigen
Anna wurde für die Mühe, die sie sich gemacht hatte, von ihrem Freund mit einem leckeren Abendessen und einer guten Flasche Wein *entschädigt*.
(erkenntlich). . . . .
. . . .
(danken). . . . .
. . . .

13. entspringen
Die Zuwendung zu Not leidenden Menschen *entsprang* ihrem inneren Bedürfnis, einem Gefühl, das sie schon früh empfand.
(sein). . . . .
(spüren, helfen, „Zuwendung" entfällt). . . . .
. . . .

14. sich entziehen
Man kann sich der Frage nicht *entziehen*, ob der Militäreinsatz nicht mehr als nur die Abwendung der Vertreibung der ethnischen Minderheit im Blick hatte.
(stellen). . . . .
. . . .
(gelten, stellen). . . . .
. . . .

(Fortsetzung folgt)

Aufgabe 5 - Umformung eines Textstückes

Formen Sie das folgende kurze Textstück so um, dass sein Sinn erhalten bleibt. Und nicht vergessen: möglicherweise müssen auch nicht kursiv gedruckte Wörter wegfallen!

Es liegt an uns, ob die kommenden	verantwortlich	*Wir …*
Generationen in Zukunft *sicher* auf	gesichert	
unserem Planeten *überleben*	Überleben	
können. Wenn wir weiterhin *die*		
Hände in den Schoß legen und so	tatenlos	
tun, als sei nichts gewesen, ist		
bereits jetzt *gewiss*, dass der	Gewissheit, sagen	
verursachte Schaden in einem	*Nebensatz*	
angemessenen Zeitraum nicht		
behoben werden *kann*. Unsere	sein	
Generation wird hierfür in *Misskredit*	Kritik	
geraten, doch auch dies wird *die*	Nebensatz, vollendete	
Gegebenheiten nicht mehr ändern	Tatsachen schaffen	
können.		

Einheit 6

Der Grammatik - Tipp:

In den folgenden drei Kapiteln geht es um **Nebensätze**. Wenn Sie meinen, dass Sie hier Wissenslücken haben, dann nehmen Sie sich, Schritt für Schritt, nochmals Übungen zu diesem Thema vor.

Aufgabe 1 - Umformungen mit Funktionsverben: „Schwierigkeiten"

a) Ordnen Sie die folgenden Funktionsverben und festen Wendungen den entsprechenden Definitionen zu.

1		(jemandem) Schwierigkeiten bereiten	A	der strittige / kritische Punkt ist, dass
2		in Schwierigkeiten geraten / kommen, Schwierigkeiten bekommen	B	Probleme und Unannehmlichkeiten meiden
3		Schwierigkeiten haben, auf Schwierigkeiten stoßen (bei etwas, mit etwas)	C	sich mit etwas herumschlagen
4		Schwierigkeiten machen	D	in Zukunft mit Unannehmlichkeiten zu rechnen haben
5		Schwierigkeiten aus dem Weg räumen	E	mit Problemen konfrontiert werden
6		Schwierigkeiten aus dem Weg gehen	F	nicht wollen, zaudern, zögern
7		die Schwierigkeit liegt / besteht darin, dass	G	eine Lösung finden
8		mit Schwierigkeiten kämpfen / zu kämpfen haben	H	einfach sein, leicht zu bewältigen
9		keine Schwierigkeiten bieten	I	jemandem Steine / Hindernisse in den Weg legen
10		Schwierigkeiten überwinden	J	die sich ergebenden Probleme lösen

b) Formen Sie nun die folgenden Sätze unter Zuhilfenahme der obigen Tabelle und der Angaben in den Klammern um.

Beispiel:

⇨ Dem nächtlichen Aufstieg waren die erfahrenen Bergsteiger ohne weiteres *gewachsen*. (Schwierigkeiten, stoßen)

⇨ Bei dem nächtlichen Aufstieg stießen die erfahrenen Bergsteiger auf keinerlei Schwierigkeiten.

1. Sein berufliches Können wie auch seine guten Beziehungen haben ihm *den Weg geebnet.* (bestehend, Schwierigkeit, *Passiv*, räumen)

....

....

2. Bekanntlich ist für viele Schüler die Mathematik *ein Buch mit sieben Siegeln*. (Schwierigkeiten, bereiten)

....

3. Nach der Eingewöhnungsphase war Susi schnell *aus dem Gröbsten heraus.* (nachdem, anfänglich, Schwierigkeiten, überwinden)

....

....

4. Den Forschern wird *dadurch ein Problem bereitet,* dass sie ihre Ergebnisse nur schwer in der Praxis überprüfen können. (deshalb, Schwierigkeiten, kämpfen, Nebensatz)

....

....

5. Bei dem Versuch, nicht *anzuecken*, schadete er sich oft mehr, als dass er einen Vorteil hieraus gewann. (Schwierigkeiten, Weg, gehen)

....

....

c) Formen Sie auch hier die folgenden Sätze mithilfe der in Klammern stehenden Wörter um.

Beispiel:

⇨ Die *Schwierigkeit bestand* zunächst darin, ein angemessenes Grundstück für das Vorhaben zu finden. (müssen)

⇨ Zunächst musste ein angemessenes Grundstück für das Vorhaben gefunden werden.

1. Nach dem Beinbruch *machte* ihm das Gehen noch einige Zeit *Schwierigkeiten*. (können, richtig, gehen)

....

2. So war gleich zu Beginn davon auszugehen, dass sie früher oder später in *Schwierigkeiten geraten* würden. (Probleme, rechnen)

....

....

3. Die *Handhabung* des Geräts *bereitet* Ungeübten zunächst *Schwierigkeiten*; nach wiederholter Anwendung gelingt sie jedoch einwandfrei. (möglicherweise, ganz einfach, handhaben)

....

....

4. *Nach zähen* Verhandlungen *konnten* die Schwierigkeiten *im Zusammenhang mit* der Durchführung des Projekts *aus dem Weg geräumt* werden. (notwendig, damit, aufgetreten, scheitern)

....

....

5. Die *befürchteten Schwierigkeiten* bei der Durchsetzung der neuen Regelungen konnten *schnell überwunden* werden. (gelingen, leichter, erwarten)

....

....

Aufgabe 2 - Lexikonarbeit

Suchen Sie mithilfe des Lexikons und der Wörter unten feste Wendungen zu den folgenden Substantiven und ergänzen Sie die Sätze.

auf - bei - bringen - bringen - darüber - finden - gegen - herausrücken - im - in - ins - kommen - machen - mit - nehmen - setzen - sprechen - stellen - suchen - unter - von - vor - zur - zur

a) „Schutz"

1. Eltern sollten ihre Kinder nicht vorschnell . . . . die Kritik anderer . . . . . . Schutz . . . .
2. Die Gruppe von Bergsteigern . . . . dem Unwetter Schutz in einer Hütte.
3. Viele der Verfolgten . . . . Schutz . . . . . . Gleichgesinnten.
4. Die Vereinten Nationen haben die Anlage als Weltkulturdenkmal . . . . Schutz . . . .

b) „Sprache"

1. Während der Sitzung wurde die Sprache auch . . . . die desolate Situation in der Landwirtschaft . . . .
2. Nach stundenlangem Verhör . . . . der Verdächtige schließlich . . . . der Sprache . . . . , wo das gestohlene Geld verblieben war.
3. Bei der Elternkonferenz soll die Neuausstattung der Schulklassen . . . . Sprache . . . . , ebenso wird der Vandalismus in der Schule . . . . Sprache . . . . werden.
4. Die positiven Bilanzergebnisse des Unternehmens . . . . eine klare Sprache hinsichtlich des erfolgreichen Vorgehens der neuen Verwaltungsspitze.

c) „Bild"

1. Ich weiß nicht, ob du . . . . . Bilde . . . . bist, dass der Eröffnungstermin verschoben worden ist.
2. . . . . . . unserem neuen Angestellten kann man sich nur schwer ein Bild . . . .
3. Man sollte die Behörden über die seltsamen Vorgänge hier . . . . . . Bild . . . . , meint ihr nicht?!

Aufgabe 3 - Umformungen mit Nebensätzen (1)

Formen Sie die folgenden Sätze mithilfe der Wörter in den Klammern um.

Beispiel:

⇨ Das Ergebnis ist äußerst befriedigend, um so mehr, als zunächst nur wenige Freiwillige *teilgenommen* hatten. (trotz, gering, Teilnahme)

⇨ Das Ergebnis ist trotz der zunächst nur geringen Teilnahme von Freiwilligen äußerst befriedigend.

1. *Angesichts* der *Wirkungslosigkeit* der bisherigen Maßnahmen wurden die Umweltauflagen verschärft. (da, Ergebnis)

. . . .

2. *Damit* der Umsatz nicht weiter *sinkt, machten* sich einige Unternehmen im vergangenen Jahr sogar unlautere Verkaufsmethoden zu Nutze. (Ziel, Erhöhung, zurückgreifen)

. . . .

. . . .

3. Mithilfe eines weltumspannenden Datennetzes lässt sich *feststellen*, wie *schnell* Klimaveränderungen voranschreiten. (können, ermitteln, Geschwindigkeit)

. . . .

. . . .

4. *Seitdem* der Fluss begradigt und das Flussbett durch eine Betondecke versiegelt worden ist, *kommt es* bei Regen immer wieder zu *Überschwemmungen* in den angrenzenden Stadtteilen. (Flussbegradigung, Versiegelung, überfluten, *Passiv*)

. . . .

. . . .

5. Patienten, *die* unter hohem Blutdruck leiden, wird *ans Herz gelegt*, salzarme Kost zu sich zu *nehmen*. (*kein Nebensatz, empfehlen*, Verzehr)

. . . .

6. *Um* besser *nachvollziehen* zu können, was eigentlich geschehen ist, muss man einige Jahre *zurück in die Vergangenheit* gehen. (Einsicht, Geschehen, notwendig, früher, ansetzen)

. . . .

. . . .

7. *Für die Überbrückung der Differenzen* zwischen den beiden Seiten *sollte* ein ständiger Ausschuss in einem neutralen Drittland eingerichtet werden. (wenn, wieder aufeinander zugehen, ratsam)

. . . .

. . . .

8. *Dessen ungeachtet,* dass von bekannten Architekten *großes Interesse* an der Gestaltung des Parks *gezeigt* wurde, wurde der Auftrag einem jungen Team gegeben. (obwohl, bemühen, gehen)

. . . .

. . . .

9. *Erst nach Anbruch der Morgendämmerung war* erkennbar*, dass eine hohe Schneedecke Stadt und Land bedeckte*. (nachdem, können, begraben)

. . . .

. . . .

10. Viele Menschen haben es im Gefühl, *wann* sie *handeln* müssen. (recht, Zeitpunkt)

. . . .

Aufgabe 4 - VERBEN, VERBEN! 5. Fortsetzung

... E

15. erfolglos sein / bleiben
Die Therapie blieb leider *erfolglos*.
(Wirkung). . . . .
(sinnlos, anwenden) . . . .

16. erforderlich sein
Für die Errichtung des überlebensgroßen Modells waren zahlreiche Materialien *erforderlich*.
(bedürfen). . . . .
. . . .
(Verfügung, stellen) . . . .
. . . .

17. erfüllen
Diesen Wunsch kann ich dir gern *erfüllen*!
(verlangen, *„Wunsch" entfällt*). . . . .
(versagen) . . . .

18. ergeben
Aus dem übermäßigen Konsum von Alkohol *ergeben* sich oft schwerste Gesundheitsschäden.
(auftreten). . . . .
(Konsequenz) . . . .

19. erkämpfen
Frauen mussten und müssen sich ihre Anerkennung im Bereich der Künste schwer *erkämpfen*.
(bleiben, oft, versagen). . . . .
(Einsatz, erringen) . . . .
. . . .

20. erleben
Die unterschiedliche Behandlung zwischen der dominierenden Gruppe und der Minderheit zu *erleben*, bedeutet den Kern des Problems zu begreifen.
(bewusst werden) . . . .
. . . .
(Erfahrung, sammeln) . . . .
. . . .

21. erleichtern
Die Auslieferung des Gesuchten *erleichterte* die Entscheidung der Regierung, die Sanktionen gegen das Land aufzuheben.
(wegen, fallen) . . . .
. . . .
(da, insofern, entgegenkommen) . . . .
. . . .

22. erreichen
Dank seines Ehrgeizes *erreichte* er schnell die Spitze der Karriereleiter; umso schmerzlicher war darum der Fall nach der Aufdeckung des Skandals.

(hinaufschnellen, rasch). . . . .

. . . .

(finden) . . . .

. . . .

23. erringen
So sehr die Mannschaft auch den Sieg *erringen* wollte, am Ende blieb ihr nur die Niederlage.

(wünschen). . . . .

(kämpfen) . . . .

24. erscheinen
Die Bekämpfung der Krankheit gestaltet sich so schwierig, da ihre Symptome *mal so und mal so erscheinen*.

(Erscheinungsformen, auftreten) . . . .

(eindeutig) . . . .

25. erwachen
Im Laufe der Zeit *erwachte* in vielen Völkern der Kolonialstaaten das Gefühl, für ihre Unabhängigkeit kämpfen zu müssen.

(wach) . . . .

. . . .

(spüren, unerlässlich, Kampf, *„müssen" entfällt*) . . . .

. . . .

26. erwähnen I
Schon früh wurde der Name des Kandidaten im politischen Geschehen *erwähnt*.

(auftauchen) . . . .

(finden) . . . .

27. erwähnen II
Erwähnt werden soll an dieser Stelle der Einfluss, den Dickens Werke auf die Sozialpolitik seines Heimatlandes hatte.

(Rede). . . . .

. . . .

(vergessen) . . . .

. . . .

28. erweisen
Im Nachhinein hat sich diese Anlage als unrentabel *erwiesen*.

(offenbar). . . . .

(herausstellen) . . . .

29. erzeugen
Das Erscheinen der Fremden *erzeugte* ein Gefühl von Misstrauen und Neugier bei den Dorfbewohnern.

(verfolgen) . . . .

(aufnehmen) . . . .

(Fortsetzung folgt)

Aufgabe 5 - Umformung eines Textstückes

Formen Sie das folgende kurze Textstück so um, dass sein Sinn erhalten bleibt. Und nicht vergessen: möglicherweise müssen auch nicht kursiv gedruckte Wörter wegfallen!

Es verschlug uns allen die Sprache, als wir davon *hörten*, dass das neue Sportzentrum an dieser Stelle im Stadtgebiet *errichtet* werden sollte. Die *Schwierigkeit* würde für die Stadtväter nämlich darin *bestehen* den Bürgern klarzumachen, warum für dieses Vorhaben ausgerechnet die letzte Grünfläche geopfert *werden sollte*, für deren *Schutz* und *Erhalt* sich alle Kandidaten im Kommunalwahlkampf *eingesetzt hatten*.	erstaunt bekannt planen wie (Fragepronomen) wollen bedürfen schützen, erhalten zusagen	*Wir …*

Einheit 7

Der Grammatik - Tipp:

Vergessen Sie bei Ihrer Wiederholung der **Nebensätze** auch nicht die **Relativsätze** und zwar mit allen erdenklichen Relativpronomen.

Aufgabe 1 - Umformungen mit Funktionsverben: „Frage"

a) Ordnen Sie die folgenden Funktionsverben und festen Wendungen den entsprechenden Definitionen zu.

1		eine Frage beantworten (mit)	A	geeignet sein, in Betracht kommen, in Erwägung ziehen
2		eine Frage richten an	B	ein Thema / einen Gegenstand zur Diskussion stellen
3		eine Frage stellen / vorlegen zu	C	eine Antwort zu einem zweifelhaften Punkt finden
4		in Frage (infrage) kommen	D	etwas fragen, auf formalem Wege nachfragen
5		außer Frage (außerfrage) stehen	E	etwas geschieht ganz gewiss
6		etwas in Frage stellen	F	etwas anzweifeln
7		jemanden mit Fragen bedrängen / bestürmen	G	etwas tritt innerhalb einer bestimmten Zeit zwangsläufig ein
8		eine Frage der Zeit sein	H	gewiss sein
9		die große Frage sein	I	es muss geklärt werden, man muss sich fragen
10		gar keine Frage sein	J	es muss sich erst noch zeigen
11		eine Frage anschneiden / aufrollen / aufwerfen	K	jemanden etwas fragen
12		einer Frage ausweichen	L	Antwort geben
13		es stellt / erhebt sich die Frage	M	sich bemühen, keine oder nur eine unklare Antwort zu geben
14		eine Frage klären	N	jemanden viel und schnell hintereinander etwas fragen

b) Formen Sie nun die folgenden Sätze unter Zuhilfenahme der obigen Tabelle und der Angaben in den Klammern um.

Beispiel:

⇨ Die Reporter *gaben keine Ruhe*, bis sie vom Pressevertreter der Regierung zufrieden stellende Antworten erhielten. (bestürmen, so lange)

⇨ Die Reporter bestürmten den Pressevertreter der Regierung so lange mit Fragen, bis sie zufrieden stellende Antworten erhielten.

1. Es *muss sich* erst noch *erweisen*, ob das neue Medikament tatsächlich hält, was es verspricht. (groß, Frage)

....

....

2. *Unzweifelhaft* war die Ankündigung als Warnung zu verstehen. (stehen, Frage, Nebensatz)

....

....

3. Es wird in *Erwägung gezogen*, auch Freiwillige *einzusetzen*. (Frage, kommen, Einsatz)

....

....

4. Es kann *nicht mehr lange dauern*, bis die flüchtigen Erpresser gefasst werden. (Frage, Zeit)

. . . .

. . . .

5. Bei der Besprechung wurde auch *erörtert*, ob das Unternehmen sein Engagement im Ausland verstärken soll. (Frage, anschneiden)

. . . .

. . . .

6. Beim zuständigen Ausschuss wurde seitens der Opposition *angefragt*, wie weit die Untersuchungen gediehen seien. (vorlegen)

. . . .

. . . .

c) Formen Sie auch hier die folgenden Sätze mithilfe der in Klammern stehenden Wörter um.

Beispiel:

⇨ Es *stellt* sich die Frage, ob dieses Ergebnis gewollt oder ein Zufallstreffer war. (Fragesatz, nun)

⇨ War dieses Ergebnis nun gewollt oder ein Zufallstreffer?

1. Ihren Fragen *ausweichend* wechselte er schnell das Thema. (Nebensatz, antworten, müssen)

. . . .

2. Zunächst sollte die *Frage geklärt* werden, ob die zuständigen Offiziere zum Zeitpunkt der Kollision überhaupt auf der Brücke waren. (sein, ermitteln)

. . . .

. . . .

3. Es ist gar *keine Frage*, dass ihr während der Ostertage in unserem Ferienhaus wohnen könnt, wenn ihr wollt. (selbstverständlich)

. . . .

. . . .

4. Um keine *Auskunft zu geben*, beantwortete sie die Frage mit einer Gegenfrage. (antworten, Nebensatz, stellen)

. . . .

. . . .

5. Heutzutage wird die bisher angewandte Methode von der Wissenschaft *in Frage gestellt.* (hegen, Zweifel)

. . . .

. . . .

6. Unsere nächste *Frage richten* wir an den Kandidaten mit der Nummer fünf, Herrn Dreistein. (sein, Reihe)

. . . .

. . . .

Aufgabe 2 - Lexikonarbeit

Suchen Sie mithilfe des Lexikons und der Wörter unten feste Wendungen zu den folgenden Substantiven und ergänzen Sie die Sätze.

bringen - bringen - dem - die - für - gehen - halten - herrschen - in - in - in - in - kommen - machen - machen - mir - mit - mit - rufen - sorgen - über - über - unter - verschaffen - ziehen - ziehen - zu - zur

a) „Ordnung"

1. Die Menschenmassen, die sich stundenlang angestellt hatten, um an Eintrittskarten zu kommen, reagierten bei Öffnung der Kassen so unruhig und rücksichtslos, dass sie von den Angestellten. . . . . . Ordnung . . . . werden mussten.
2. Bevor du in deinem Zimmer nicht . . . . . . Ordnung . . . . , darfst du nicht zu deinen Freunden zum Spielen raus.
3. Nachdem die Archive mühsam . . . . . . Ordnung . . . . worden waren, konnte deren systematische Auswertung beginnen.
4. Besser . . . . Sie Ihre Sachen hier gleich . . . . . Ordnung, statt jedes Mal Zeit beim Suchen zu verlieren.
5. Machen Sie sich keine Sorgen, Ihr Auftrag . . . . bei uns schon . . . . Ordnung.

b) „Schluss"

1. Auf Grund der Ereignisse und der Art und Weise, wie sie sich zugetragen haben, müssen wir . . . . Schluss . . . . , dass die Schüler selbst an den Zerstörungen in der Schule beteiligt waren.
2. Gestern Nachmittag hat Karin, wie sie wieder einmal behauptet, endgültig . . . . . . ihrem Freund Schluss . . . .
3. Ich überlasse es Ihnen, aus dem vorgelegten Material Ihre eigenen Schlüsse zu . . . .
4. Viel zu früh war man darum bemüht, ... die Gräueltaten des Krieges einen endgültigen Schlussstrich zu . . . .
5. . . . . endlich Schluss . . . . eurem Theater!

c) „Klarheit"

1. Nur durch eine gezielte Untersuchung kann Klarheit . . . . Sache . . . . werden.
2. Bisher . . . . zumindest Klarheit dar . . . . , dass die Kinder keinem Verbrechen zum Opfer gefallen sind.
3. Ich halte das nicht mehr aus, ich muss . . . . . . endlich Klarheit dar . . . ., ob meine Verwandten auf der Passagierliste standen.

Aufgabe 3 - Umformungen mit Nebensätzen (2)

Formen Sie die folgenden Sätze mithilfe der Wörter in den Klammern um.

1. *Für* die *Veröffentlichung* der Ergebnisse *wählte* man eine entsprechende Fachzeitschrift. (um, Öffentlichkeit, bekannt, Wahl, fallen)

. . . .

. . . .

2. Eine ungehemmte Ausbreitung der Markenpiraterie hat eine *räumliche Verschiebung* von Arbeitsplätzen zur Folge. (andere Stelle, entstehen)

. . . .

. . . .

3. Bei der *Durchführung* des Transports müssen bestimmte Sicherheitsvorkehrungen *unbedingt beachtet* werden. (durchführen, dürfen, Fall, übergehen)

. . . .

. . . .

4. Nach dem großen Erdbeben sind viele von Schäden betroffene Häuser und Wohnungen auf *gefährliche Weise* nicht fachgerecht repariert worden. (bedenklich sein)

. . . .

. . . .

5. *Solange* es *noch hell ist*, werden die Arbeiten *fortgeführt*. (dunkel werden, einstellen)

. . . .

. . . .

6. *Diejenigen, die* die nötigen Rücklagen *parat hatten,* wollten nun an der Börse unbedingt gewinnen. (wer, verfügen, gut, Geschäft)

. . . .

. . . .

7. Unser Freizeitverhalten *orientiert* sich oft genug nur am *Konsum* von Gütern materieller oder geistiger Natur. (abzielen, konsumieren)

. . . .

. . . .

8. Sie machten aus ihrer großen *Verwunderung* keinen *Hehl*. (zeigen, wie, wundern)

. . . .

9. Es *versteht* sich, dass zunächst *niemand wusste*, wie sie auf den Vorfall *reagieren* würden. (erwartet, unklar, Einfluss, Verhalten)

....

....

10. Nicht durch bloßes *Überreden*, sondern *durch Überzeugen* wollte man die Kinder dazu bringen, mehr aufeinander zuzugehen. (indem, indem, Einsicht, zubewegen)

....

....

11. *Aus lauter Großzügigkeit* hatte er ihm die Hälfte des riesigen Hauses überlassen, und nicht etwa, weil er sich dazu *verpflichtet fühlte*. (weil, Mensch, abtreten, Pflichtgefühl)

....

....

12. Nicht nur *als Transportmittel*, sondern auch *zur Bekundung* unseres wirtschaftlichen Status gebrauchen wir seit jeher das Auto. (Distanzen, überwinden, weil, dokumentieren)

....

....

Aufgabe 4 - VERBEN, VERBEN! 6. Fortsetzung

F

1. fehlen

Auch der Ministerpräsident *fehlte* bei diesem Anlass nicht.

(Stelle)..

(zugegen)..

2. festhalten

Die Dorfbewohner wollen an den althergebrachten Traditionen *festhalten*.

(beibehalten)..

(aufgeben) ....

3. feststellen

Die aus Spezialisten bestehende Untersuchungskommission *stellte* schließlich *fest*, dass die Explosion in dem Kraftwerk auf einen technischen Fehler zurückzuführen war.

(Ergebnis)..

....

(Schlussfolgerung) ....

....

4. finden I
Nach zahlreichen Tests und Versuchsreihen wurde der Krankheitserreger schließlich *gefunden*.

(ausfindig). . . . .

. . . .

(stoßen) . . . .

. . . .

5. finden II
In den gesammelten Proben *fanden sich* keine Spuren angereicherten Urans.

(können, ermitteln). . . . .

. . . .

(treffen) . . . .

. . . .

6. fordern I
Die Opposition *forderte* den Rücktritt des Landwirtschaftsministers.

(dringen). . . . .

. . . .

(wehren, weiter, Amt, „Rücktritt" entfällt) . . . .

. . . .

7. fordern II
Die Vertragsseite *forderte* die strikte Einhaltung der vereinbarten Bedingungen, da sie sich andernfalls aus dem Projekt zurückziehen wollte.

(bestehen). . . . .

. . . .

(ohne, *nur Hauptsatz*) . . . .

. . . .

8. fürchten
Diese Seeleute *fürchteten* weder Wind noch Wetter.

(ausmachen). . . . .

(Angst) . . . .

G

1. gedulden
Die Reisenden mussten sich nicht lange *gedulden*, bis die ersten Wale in der Bucht auftauchten.

(fassen). . . . .

. . . .

(ausharren). . . . .

. . . .

2. gefährlich sein
An dieser Stelle des Flusses *ist* das Überqueren mit einem einfachen Boot wegen der reißenden Strömung sehr *gefährlich.*

(darstellen). . . . .

. . . .

(verbinden) . . . .

. . . .

3. gegeben sein
Die Voraussetzungen für ein einverständliches Zusammenleben *waren* nach den jahrzehntelangen Auseinandersetzungen nicht mehr *gegeben.*

(möglich, „Voraussetzungen" entfällt). . . . .

. . . .

(ausgeschlossen, „Voraussetzungen" entfällt) . . . .

. . . .

4. geeignet sein
Er scheint für diese verantwortungsvolle Position *wirklich geeignet* zu sein.

(richtig, Qualifikationen). . . . .

. . . .

(geschaffen) . . . .

. . . .

5. gehören
Die Zeitschrift *gehört* nunmehr zum Press-Konzern, erscheint aber nach wie vor unter dem alten Titel.

(Teil). . . . .

. . . .

(aufkaufen) . . . .

. . . .

6. gelingen
Mit Mühe ist es ihm *gelungen*, seinen Vorgesetzten von einer fatalen Fehlentscheidung abzuhalten.

(Bemühen, wirkungslos, *„Mühe" entfällt*). . . . .

. . . .

(können) . . . .

. . . .

7. gelten I
Sie *gilt* als aussichtsreiche Kandidatin für den diesjährigen Nobelpreis.

(ansehen). . . . .

(Ruf) . . . .

8. gelten II
Bei Fachleuten *gilt* die vorgelegte Arbeit als ein hervorragender Beitrag zur Erforschung kleinster Materieteilchen.

(Ansehen). . . . .

. . . .

(sehen) . . . .

. . . .

9. genug haben
Die Kleinsten *hatten* bald *genug* von dem stupenden Auswendiglernen und so gaben sie ganz von allein dem Unterricht spielerische Impulse.

(satt). . . . .

. . . .

(langweilen) . . . .

. . . .

10. genug sein
Nicht nur *war* es ihnen nicht *genug*, sie bemängelten sogar die Qualität des Gebotenen, was den Gastgebern äußerst merkwürdig vorkam.

(genügen). . . . .

. . . .

(reichen, Menge) . . . .

. . . .

11. gerecht werden
Der neue Heimroboter soll *höchsten Ansprüchen gerecht werden.*

(schwierig, Aufgaben, gewachsen). . . . .

. . . .

(alle, Herausforderungen, fertig) . . . .

. . . .

12. geschehen
Im Moment *geschieht* noch immer wenig im Bereich der Energiegewinnung aus erneurbaren Energiequellen, was sich jedoch im Laufe der nächsten Jahre ändern dürfte.

(tun). . . . .

. . . .

(Beachtung) . . . .

. . . .

(Fortsetzung folgt)

Aufgabe 5 - Umformung eines Textstückes

Formen Sie das folgende kurze Textstück so um, dass sein Sinn erhalten bleibt. Und nicht vergessen: möglicherweise müssen auch nicht *kursiv* gedruckte Wörter wegfallen!

Was für eine Frage! Noch heute wollten sie *aufbrechen*, das Gewohnte *hinter sich lassen* und einmal eine ganz andere *Seite* des Lebens kennen lernen. *Schluss* mit dem alten Trott; das Angebot, als Crew eine Weltumsegelung *mitzumachen*, war wie ein Blitz *eingeschlagen*. Schnell die Sachen gepackt, im Haus *Ordnung geschaffen* und dann ab in das Vorbereitungslager an der Küste, wo sie in vier Wochen lernen sollten, was es an *Kenntnissen* auf hoher See *brauchte*.	doch, selbstverständlich Weg Neue, ausprobieren Blickwinkel raus beteiligen, Sensation gleich kommen aufräumen aufbrechen Zeit, Nebensatz wissen *Modalverb*	*Das war …*

Einheit 8

Der Grammatik - Tipp:

Im Zusammenhang mit einer Wiederholung der Nebensätze wäre es sinnvoll, wenn Sie sich noch einmal ganz allgemein mit der **Satzstellung in Haupt- und Nebensätzen** befassen.

Aufgabe 1 - Umformungen mit Funktionsverben: „Gedanke"

a) Ordnen Sie die folgenden Funktionsverben und festen Wendungen den entsprechenden Definitionen zu.

1		auf den Gedanken kommen, verfallen	A	sich Sorgen um etwas machen, über etwas nachdenken, was problematisch erscheint, etwas gedanklich verarbeiten
2		auf einen Gedanken eingehen	B	sich mit der Idee, dem Vorschlag eines anderen befassen
3		in Gedanken sein	C	sich ablenken (lassen)
4		mit dem Gedanken spielen / sich mit dem Gedanken tragen	D	zerstreut, gedankenverloren sein
5		Gedanken lesen können	E	etwas unbewusst tun ODER sich vorstellen, etwas Bestimmtes zu tun
6		sich über etwas / wegen etwas Gedanken machen	F	jemandem durch eine Äußerung oder ein Handeln zu einer Idee, zu einer Lösung verhelfen
7		etwas in Gedanken tun	G	eine bereits geäußerte Idee weiterentwickeln
8		seinen Gedanken nachhängen	H	erraten, was jemand denkt oder beabsichtigt
9		einen Gedanken aufgreifen	I	aufpassen, sich konzentrieren
10		seine Gedanken beisammen haben	J	auf eine Idee kommen
11		seine Gedanken auf etwas richten	K	einen Plan haben, etwas in sich reifen lassen
12		auf andere Gedanken kommen	L	sich auf ein bestimmtes Vorhaben konzentrieren
13		sich mit einem Gedanken vertraut machen	M	sich an etwas gewöhnen
14		jemanden auf einen Gedanken bringen	N	nachdenklich, gedankenverloren sein

b) Formen Sie nun die folgenden Sätze unter Zuhilfenahme der obigen Tabelle und der Angaben in den Klammern um.

Beispiel:

⇨ Du solltest in deinem Alltag ein bisschen mehr für Abwechslung sorgen, um nicht ständig über deinen *Problemen zu brüten*. (Gedanken, kommen)

⇨ Du solltest in deinem Alltag ein bisschen mehr für Abwechslung sorgen, um auf andere Gedanken zu kommen.

1. Sag' das noch einmal, mir *kommt* da eine *Idee*! (bringen, Gedanken)

. . . .

2. Es schien schon fast unheimlich, dass Marweg stets vorwegnahm, was Burger erwidern wollte, so als *wüsste* ersterer *genau*, was Letzterer *dachte*. (können, lesen)

. . . .

. . . .

3. Schließlich *kam* man auf den bereits früher geäußerten *Einfall* zurück, das alte Fabrikgelände in einen Park mit Räumlichkeiten für Erfinderwerkstätten umzuwandeln. (aufgreifen, Gedanken)

. . . .

. . . .

4. Lisa saß *gedankenverloren* auf der Veranda, als ein starker Gewitterdonner sie aufschreckte. (Gedanken, nachhängen)

. . . .

. . . .

5. Schon lange hatte er den vagen *Plan gefasst*, alles zurückzulassen, was er aufgebaut hatte, und seine Heimatstadt auf Nimmerwiedersehen zu verlassen. (Gedanken, tragen)

. . . .

. . . .

6. Wie hatten sich die beiden nur *einfallen lassen können*, ohne Geld in der Tasche diese Reise anzutreten? (Gedanken, verfallen)

. . . .

. . . .

c) Formen Sie die folgenden Sätze mithilfe der in Klammern stehenden Wörter um.

Beispiel:

⇨ Wer in diesem anspruchsvollen Sport je weiterkommen möchte, muss seine *Gedanken ganz* darauf *richten*, den höchsten Grad an Vollkommenheit zu erreichen. (stets, Sinn)

⇨ Wer in diesem anspruchsvollen Sport je weiterkommen möchte, muss stets im Sinn haben, den höchsten Grad an Vollkommenheit zu erreichen.

1. In *Gedanken* war sie das Gespräch schon x-mal *durchgegangen*, dennoch war ihr immer noch nicht klar, was genau sie erwartete. (versuchen, vorstellen)

. . . .

. . . .

2. Langsam muss sich Europa mit dem *Gedanken vertraut machen,* Ziel zahlreicher Einwanderer zu werden, die mit dem Begriff des Wirtschaftsflüchtlings nur ungenau beschrieben werden. (gewöhnen)

. . . .

. . . .

3. Es ist wichtig, bei Überqueren der Gletscherbrücke alle seine *Gedanken beisammen* zu haben, da ein Fehltritt tödlich sein könnte. (gut, konzentrieren)

. . . .

. . . .

4. Er war so *in Gedanken*, dass er gar nicht merkte, wie sich das gefüllte Glas langsam zur Seite neigte. (wenig, Sache)

. . . .

. . . .

5. Es ist durchaus *lohnenswert* sich darüber *Gedanken* zu *machen*, wer nach dem Ausscheiden des Vorsitzenden die Führung der Partei übernehmen wird. (vergeudet, Zeit, nachdenken)

. . . .

. . . .

6. Ich möchte noch einmal auf den vorhin angesprochenen Gedanken *eingehen*. (äußern)

. . . .

Aufgabe 2 - Lexikonarbeit

Suchen Sie mithilfe des Lexikons und der Wörter unten feste Wendungen zu den folgenden Substantiven und ergänzen Sie die Sätze.

abnehmen - auf - auf - bringen - für - für - für - für - halten - lasten - lösen - sein - stehen - stehen - stellen - tragen - von - von - vor - werden - ziehen - zu - zu - zu - zur - zur - zuschieben

a) „Verantwortung"

1. Persönlichkeiten aus Politik und Wirtschaft werden . . . . diesen Skandal . . . . Verantwortung . . . . werden müssen.
2. Niemand kann ihr die Verantwortung da . . . ., was mit den Ergebnissen der Studie geschehen soll.
3. Grundsätzlich . . . . die Eltern die Verantwortung . . . . das Handeln ihrer Kinder, sofern ihnen eine Aufsicht hierüber möglich ist.
4. Allein auf Grund ihrer guten Beziehungen zur Justiz war es Schreibtischtätern und hohen Militärs oft gelungen, die Verantwortung . . . . die Gräueltaten niederen Rängen . . . .
5. Seit sie allein mit dem Unternehmen zurechtkommen muss, ... eine schwere Verantwortung . . . . ihr, zumal sie niemanden entlassen möchte.

b) „Rede"

1. Es ist an der Zeit, die Rede . . . . . . die näheren Umstände der Wiederentdeckung des lange vermissten Kunstwerks zu . . . .
2. Die Rede . . . . . . in der Folge . . . . einem der bedeutendsten Biographen und Künstler der Renaissance, ... Giorgio Vasari.
3. Sicher wird man die kleinen Strolche . . . . . Rede . . . ., ich glaube aber nicht, dass die Eltern die Kinder in Zukunft auseinander bringen wollen.
4. Es ist zu erwarten, dass der Staatspräsident wieder eine stundenlange Rede . . . . . allen Themen der Innen- und Außenpolitik . . . . wird.
5. Die drei Kandidaten werden . . . . . . allen Fragen Rede und Antwort . . . .

c) „Problem"

1. Die Techniker . . . . lange Zeit . . . . . . dem Problem, wie der Tunnel in den porösen Fels gebohrt und anschließend abgestützt werden kann.
2. Die Knappheit an frischem Trinkwasser ist weltweit . . . . . einem akuten Problem . . . .
3. In absehbarer Zeit wird dieses Problem . . . . werden können.

Aufgabe 3 - Umformungen mit Nebensätzen (3)

Formen Sie die folgenden Sätze mithilfe der Wörter in den Klammern um.

1. *Im Verlauf* des *Gesprächs kam heraus,* dass ihre Familien einstmals Nachbarn waren. (während, herausstellen)

. . . .

. . . .

2. *Anstatt selber zu erscheinen*, schickte der Präsident seinen Stellvertreter. (ersatzweise)

. . . .

3. *Sollte wirklich* eine ausländische Terrororganisation für den Anschlag *verantwortlich* sein, so *muss* sie auch im Inland Helfer gehabt haben. (ausgehen, Verantwortung, ohne, möglich)

. . . .

. . . .

4. Zu Beginn waren die *Folgen* seiner Schlussfolgerungen noch völlig unklar. (wohin, führen)

. . . .

. . . .

5. Kaum hatte die Neuigkeit die Runde gemacht, begannen auch schon die Spekulationen. (sobald, verbreiten, spekulieren)

. . . .

6. Unter der Bedingung, zukünftig keine Forderungen mehr zu *stellen, überließ* man ihm auch noch die Gemäldesammlung. (nachdem, Bedingung machen, Zukunft, fordern, erhalten)

. . . .

. . . .

7. Die *Fortführung* der Streikmaßnahmen *brachte* den Universitätsbetrieb nahezu *zum Erliegen.* (fortführen, stark beeinträchtigen)

. . . .

. . . .

8. Wenn sie es sich auch noch so sehr wünschten, der Erhalt des alten Gebäudes lag *außerhalb* ihrer *finanziellen Möglichkeiten.* (obwohl, liegen, können, leisten)

. . . .

. . . .

9. *Ohne zu zögern*, setzten sie den Plan in die Tat um. (Bedenken)

. . . .

10. In der Behörde *kam* es in der vergangenen Zeit oft zu Unregelmäßigkeiten, *weswegen* eine genaue *Überprüfung* aller Unterlagen unbedingt *erforderlich* ist. (auf Grund, auftreten, müssen)

....

....

11. An diesem Tag hatte man zu einem umfassenden Boykott der Geschäfte *aufgerufen, womit* die Konsumenten ihre Stärke *beweisen* wollten. (durch, Beweis)

....

....

12. *Damit* der Einsatz dieser Menschen nicht vergessen wird, setzte *man* ihnen zu Ehren ein Denkmal. (weil, dürfen, errichten)

....

....

Aufgabe 4 - VERBEN, VERBEN! 7. Fortsetzung

... G

13. gesellen

Die beiden *gesellten* sich nur ungern zu den anderen Mitgliedern der Gruppe, weil sie sehr zurückhaltend waren.

(anschließen)...

....

(lieber, Abstand)..

....

14. gestatten

Die Eltern *gestatteten* den Kindern nicht, spät abends das Haus zu verlassen.

(Erlaubnis)...

(dagegen) ....

15. glauben

Zu Beginn des Eisenbahnzeitalters *glaubte* man, die „hohen" Geschwindigkeiten schadeten der Gesundheit.

(Ansicht)...

....

(zweifeln) ....

....

16. gleichen

Beide Modelle *gleichen* sich, doch hat das Konkurrenzprodukt einen umweltfreundlicheren Motor erhalten.

(scheinen)..

....

(*Modalverb*, auseinander halten)..

....

H

1. sich handeln um
Bei der Entschlüsselung des menschlichen genetischen Kodes *handelt* es sich um eine der größten wissenschaftlichen Entdeckungen.

(darstellen). . . . .

. . . .

(*Modalverb*, bezeichnen) . . . .

. . . .

2. herrschen
Dadurch, dass die Familie des Diktators über Jahre *herrschte*, war es ihr gelungen, bedeutende Geldsummen und Wertgegenstände außer Landes zu bringen.

(Herrschaft). . . . .

. . . .

(Macht, sein) . . . .

. . . .

3. hervorbringen
Die Epoche der Renaissance *brachte* zahlreiche Meisterwerke vor allem im Bereich der bildenden Künste und der Architektur *hervor*.

(entstehen). . . . .

. . . .

(schaffen) . . . .

. . . .

4. hinauslaufen
Eine Umkehr im Denken der Verbraucher *liefe* auf ein qualitativ hochwertigeres Angebot *hinaus*.

(Ergebnis). . . . .

. . . .

(verbessern) . . . .

. . . .

(führen) . . . .

. . . .

5. hinstellen
Das neue Gerät, das als Meilenstein der Kommunikationstechnik *hingestellt* wurde, entpuppte sich wegen seiner Unbezahlbarkeit schnell als Flop.

(vermeintlich). . . . .

. . . .

(nennen) . . . .

. . . .

6. hoffen
Leider kann man *nicht mehr darauf hoffen*, dass noch Lebende geborgen werden.

(schwinden). . . . .

(befürchten) . . . .

I

1. sich informieren
Vor einer Reise in die Tropen sollte man sich über die notwendigen Impfungen *informieren*.
(Auskünfte einholen). . . . .
(Klarheit) . . . .

2. irritieren
Uns *irritierte* die stete Präsenz der Polizei bei allen Veranstaltungen und Führungen in hohem Maße.
(Ärgernis). . . . .
. . . .
(ohne, *Konjunktiv II*, angenehm, verlaufen) . . . .
. . . .

K

1. kämpfen I
Die gegeneinander *kämpfenden* männlichen Tiere distanzieren sich von der Herde.
(austragen, *Relativsatz*). . . . .
. . . .
(Kraft, messen, *Relativsatz*) . . . .
. . . .

2. kämpfen II
Die Gewerkschaften *kämpften* schon früh für die Verbesserung der Arbeitsbedingungen.
(einsetzen). . . . .
(annehmen) . . . .

(Fortsetzung folgt)

Aufgabe 5 - Umformung eines Textstückes

Formen Sie das folgende kurze Textstück so um, dass sein Sinn erhalten bleibt. Und nicht vergessen: möglicherweise müssen auch nicht *kursiv* gedruckte Wörter wegfallen!

Nachdenklich hatte Borsig dem Mann nachgesehen, der *eilig* die lange Straße hinunterlief. Es war ihm nicht gelungen, ihn auf das Mädchen *anzusprechen*. Mit einer Beredsamkeit, die ihn *erstaunt* hatte, hatte der andere nach *Ausflüchten gesucht*, hatte sich mit Phrasen, die das eigentliche Problem *übergingen*, aus der *Schlinge gezogen* und sich dann so schnell wie möglich von ihm verabschiedet. Er fragte sich, ob es richtig gewesen sei, die *Verantwortung* in diesem Fall zu *übernehmen*, oder ob es nicht besser gewesen wäre, ihn denjenigen zu überlassen, die zu dem Kind kein *engeres Verhältnis* hatten.	*Gedanken, versinken* *alle, Eile* *Rede, lenken* *erstaunlich* *herausreden, versuchen* *außer Acht, Gefahr* *entrinnen* *kümmern* *abgeben* *nahe stehen*	*In Gedanken versunken…*

Einheit 9

Der Grammatik - Tipp:

Wenn Sie sich auf diese Einheit vorbereiten wollen, dann werfen Sie doch einmal einen eingehenden Blick auf den **Passiversatz**, übrigens auch denjenigen durch bestimmte Funktionsverbgefüge.

Aufgabe 1 - Umformungen mit Funktionsverben: „Weg"

a) Ordnen Sie die folgenden Funktionsverben den entsprechenden Definitionen zu.

1		sich auf den Weg machen	A	sich irren, das Falsche tun, um etwas zu erreichen
2		auf dem besten Wege sein	B	losgehen, losfahren, aufbrechen
3		seinen Weg gehen	C	fortgehen
4		vom Weg abkommen (*auch metaphorisch*)	D	jemandem zuvorkommen, indem man eine Abkürzung wählt
5		jemandem, etwas aus dem Weg gehen	E	jemandem bieten sich viele gute Möglichkeiten für die Zukunft
6		seiner Wege gehen	F	jemandem etwas sagen, was für seinen späteren Lebensweg nützlich sein soll, etwa einen Rat
7		jemandem, etwas im Wege stehen	G	mit etwas oder jemandem nicht konfrontiert werden wollen
8		jemandem etwas mit auf den Weg geben	H	selbstständig, unabhängig handeln
9		auf dem falschem Wege (auf dem Holzweg) sein	I	sich verirren, sich verlaufen
10		neue Wege gehen	J	zu verhindern suchen, dass jemand mit etwas fortfährt oder eine Sache weitergeführt wird
11		jemandem stehen alle Wege offen	K	misstrauisch sein
12		eigene Wege gehen	L	eine Richtung wählen
13		jemandem den Weg abschneiden	M	kurz vor dem Ziel stehen, nahe dran sein
14		jemandem einen Weg abnehmen	N	für jemanden eine Erledigung machen
15		auf halbem Wege stehen bleiben, umkehren	O	etwas Neues ausprobieren
16		einen Weg einschlagen	P	jemanden umbringen, ausschalten
17		einer Sache / jemandem nicht über den Weg trauen	Q	etwas Begonnenes nicht zu Ende führen
18		etwas in die Wege leiten	R	jemanden, etwas fördern, indem man Schwierigkeiten beseitigt
19		jemanden aus dem Weg räumen	S	dafür sorgen, dass etwas geschieht
29		jemandem, etwas den Weg ebnen	T	im Leben das tun, was man persönlich für richtig hält

b) Formen Sie die folgenden Sätze unter Zuhilfenahme eines der obigen Funktionsverben um. Beachten Sie auch die Angaben in den Klammern.

Beispiel:

⇨ Die Kinder hatten schon früh das Haus *verlassen*, um rechtzeitig zur Haltestelle zu kommen. (Weg, machen)

⇨ Die Kinder hatten sich schon früh auf den Weg gemacht, um rechtzeitig zur Haltestelle zu kommen.

1. Wenn sie ihn auch von seinen Plänen abzuhalten versuchten, so *folgte* er doch schon bald seinen *innersten Neigungen*. (eigen, Weg, gehen)

. . . .

. . . .

2. Ich glaube, du *irrst* dich, wenn du annimmst, immer so weitermachen zu können. (Holzweg)

. . . .

3. Sie hatte hier zu Hause alles geregelt und *kehrte* ihrer *Heimatstadt* nun endgültig den Rücken. (Weg, gehen)

. . . .

4. Es ist höchste Zeit, in dieser Sache etwas zu *unternehmen*. (Wege, leiten)

. . . .

5. Indem sie eine Abkürzung nahm, konnte die Polizei dem Fahrer, der die Kontrolle über sein Fahrzeug verloren hatte, *zuvorkommen* und ihn zum Halten bringen. (abschneiden)

. . . .

. . . .

6. Du solltest dir gründlich überlegen, ob die *Entwicklung*, die du nun *nimmst*, dir wirklich gefällt oder nicht. (Weg, einschlagen)

. . . .

. . . .

7. Es ist an der Zeit, etwas *Neues auszuprobieren*, um effektive Fortschritte zu machen. (neu, Weg)

. . . .

8. Seit Tagen hatte er das Gefühl, dass die Menschen in seiner Umgebung *nichts mehr mit ihm zu tun haben wollten*. (Weg, gehen)

. . . .

. . . .

9. Jedermann, der seinem Fortkommen hinderlich war, wurde gnadenlos *ausgeschaltet*. (Weg, räumen)

. . . .

c) Formen Sie die folgenden Sätze mithilfe der in Klammern stehenden Wörter um.

Beispiel:

⇨ Ihre guten Leistungen und ihr großes Engagement *ebneten* dem jungen Nachwuchsteam den *Weg* zur Anerkennung. (gewinnen)

⇨ Durch ihre guten Leistungen und ihr großes Engagement gewann das junge Nachwuchsteam schnell Anerkennung.

1. Sie waren *auf dem besten Wege*, erkannt zu werden, wenn sie nicht eine andere Vorgehensweise wählten. (nahe)

. . . .

. . . .

2. Schon kurz nach dem Verlassen des Städtchens *kamen* wir *vom Weg ab* und fanden uns bald an einem idyllischen Flüsschen wieder. (verfahren)

. . . .

. . . .

3. Er war es gewohnt, seine *eigenen Wege zu gehen* und ließ sich hierin auch von niemandem hineinreden. (eigenständig, handeln)

. . . .

. . . .

4. Diesem Menschen kann man einfach nicht über den Weg *trauen*, bedenkt man seine düstere Vergangenheit. (Vertrauen, haben)

. . . .

5. Wegen der früh einbrechenden Dunkelheit *mussten* die Wanderer *auf halbem* Weg *umkehren*. (fortsetzen, und, Rückweg)

. . . .

6. Vor allen Dingen *stehst* du dir selbst im *Weg*! (Leben, schwer)

. . . .

7. Du würdest mir einen großen Gefallen tun, wenn du mir einen *Weg abnimmst*. (erledigen)

. . . .

8. Nach diesem furiosen Debüt standen ihm *alle Wege offen*. (Erfolg, aufhalten)

. . . .

9. Darf ich dir zum Abschied einen *wohl gemeinten Rat mit auf den Weg* geben? (nützlich, Tipps, weiter, Werdegang)

. . . .

Aufgabe 2 - Lexikonarbeit

Suchen Sie mithilfe des Lexikons und der Wörter unten feste Wendungen zu den folgenden Substantiven und ergänzen Sie die Sätze.

abgeben - abgeben - an - an - an - auf - besitzen - bilden - dich - fällen - für - für - haben - kommen - kommen - mir - stehen - treten - treten - über - versetzen - von - zu - zu - zu

a) „Urteil"

1. Der Ausschuss ist . . . . dem Urteil . . . . , dass das Spiel in der übernächsten Woche wiederholt werden muss.
2. Das Gericht hat heute Morgen in der Sache Kramer gegen Kramer sein Urteil . . . .
3. Wir wollen einen Sachverständigen darum bitten, sein Urteil . . . . . . dem Unfallhergang . . . .
4. . . . . . . unseren neuen Kollegen habe ich . . . . noch kein abschließendes Urteil . . . .

b) „Stelle"

1. . . . . einmal . . . . ihre Stelle und überleg, was du dann tun würdest.
2. Die Arbeiten an der neuen Zugverbindung . . . . im Moment leider . . . . . . der Stelle.
3. Trotz der Schneeketten . . . . wir keinen Zentimeter . . . . . . der Stelle.
4. . . . . . . erster Stelle . . . . jetzt der 1. FC Hiddenhausen.
5. . . . . die Stelle des alten Abteilungsleiters ist nun eine Fachkraft . . . .

c) „Erklärung"

1. Der Pressesprecher möchte . . . . . . den Vorfällen eine Erklärung . . . .
2. Die Polizei . . . . . . keinerlei Erklärung da . . . . , wie der Häftling entkommen konnte.
3. Noch lange nicht . . . . alles, was zwischen Himmel und Erde geschieht, ... der Mensch eine Erklärung parat.

Aufgabe 3 - Umformungen mit dem Passiversatz

Formen Sie die folgenden Sätze mithilfe der Wörter in den Klammern um.

Beispiel:

⇨ Die Zollbehörden *ziehen* nach dem gehäuften Auffinden von Urlaubssouvenirs aus Materialien geschützter Tierarten strengere *Kontrollen* der Flugpassagiere *in Erwägung*. (sollen, kontrollieren)

⇨ Flugpassagiere sollen nach dem gehäuften Auffinden von Urlaubssouvenirs aus Materialien geschützter Tierarten durch die Zollbehörden strenger kontrolliert werden.

1. Zahlreiche Erkrankungen sind auf psychosomatische Einflüsse *zurückzuführen*. (lassen, erklären)

. . . .

2. Durch die starke Abnutzung sind viele Materialien *unbrauchbar* geworden. (können, verwenden)

. . . .

3. Das Ausmaß der Flutschäden lässt sich nur schwer abschließend *einschätzen*. (können, Urteil)

. . . .

4. Die Gesetzesvorlage zur Steuerreform *kommt* in den nächsten Tagen zur *Beratung*. (beraten)

. . . .

5. Neben allem anderen sollte auch das Problem der Trinkwasserknappheit mehr *Beachtung finden*. (beachten)

. . . .

6. Die Kandidaten bekommen besonders knifflige Fragen *gestellt, da* es nur wenige freie Plätze in diesem Ausbildungsgang gibt. (richten, wegen)

. . . .

. . . .

7. Viele Seiten *übten* Kritik an der Wahl des Standortes für die Austragung der olympischen Ruderwettkämpfe. (sein, hören)

. . . .

8. Der Sachverhalt ist *zu* kompliziert, *als dass* er sich in wenigen Sätzen schildern *ließe*. (so, können)

. . . .

9. Die eingemeißelten Schriftzeichen waren nach einem so langen Zeitraum kaum noch *lesbar*. (lassen, entziffern)

. . . .

10. Je länger und öfter ein Konsument der Werbung *ausgesetzt* wird, desto *leichter* ist er bei einer Kaufentscheidung zu *manipulieren*. (konfrontieren, lenkbar)

. . . .

. . . .

Aufgabe 4 - VERBEN, VERBEN! 8. Fortsetzung

... K

3. kennen

Viele *tun so*, als würden sie die Problematik nicht *kennen*.

(verdrängen). . . . .

(nehmen, Kenntnis). . . . .

4. kennen lernen

Schnell *lernten* sie die Nachteile ihrer vermeintlich freien Lebensweise *kennen*, die sie letztlich nur in neue Abhängigkeit geführt hatte.

(leiden). . . . .

. . . .

(konfrontiert werden) . . . .

. . . .

5. kommen

Durch die vielfältigen Belastungen und Ansprüche, denen der berufstätige Familienmensch ausgesetzt ist, *kommt* er kaum zu einem sinnvollen, entspannten Umgang mit sich selbst und seinen Mitmenschen.

(Gelegenheit). . . . .

. . . .

(gelingen) . . . .

. . . .

6. kommunizieren

Wale *kommunizieren* durch eine sehr melodiöse Sprache miteinander.

(Verbindung). . . . .

(verständigen). . . . .

7. konfrontiert sein

Nun war er plötzlich mit Schwierigkeiten *konfrontiert*, von denen er nie etwas geahnt hatte.

(gegenübersehen). . . . .

(haben, kämpfen) . . . .

8. kosten

Die Austragung der Wettkämpfe *kostet* die Veranstalter hohe Summen.

(Ausgabe, erforderlich). . . . .

(kostspielig) . . . .

L

1. lachen

Bei diesem Anblick fingen wir laut an zu *lachen*.

(Gelächter). . . . .

(Lachen, unterdrücken). . . . .

2. lauten

Die *Devise* dieser Politik *lautet*, die Dinge auszusitzen und möglichst wenig Kommentare abzugeben.

(ankommen). . . . .

(abzielen) . . . .

3. leben

Pandabären *leben* in erster Linie von den frischen Blättern der Bambuspflanze.

(benötigen). . . . .

(angewiesen) . . . .

4. leugnen

Die Nachbarn *leugneten*, von den Gewalttätigkeiten gegen die Kinder gewusst zu haben.

(verwahren). . . . .

(lassen, vorwerfen). . . . .

M

1. meinen

Gemeint war der rechte, nicht der linke Schalter!

(Rede). . . . .

(gehen) . . . .

2. melden

Bei den Kleinen *meldete* sich schon bald der Wunsch, alles stehen und liegen zu lassen, um in die verschneite Winterlandschaft hinauszulaufen.

(verspüren). . . . .

. . . .

(Modalverb, „Wunsch" entfällt) . . . .

. . . .

3. mindern

Das provokante und überhebliche Verhalten des Verhandlungspartners der Gegenseite *minderte* für das Gastgeberland erheblich den Handlungsspielraum für eine vermittelnde Lösung.

(außer Stande setzen, nutzen). . . . .

. . . .

(unmöglich machen, finden, *„Handelungsspielraum"* entfällt) . . . .

. . . .

N

1. nachlesen

Wie im Reiseführer *nachzulesen* ist, gibt es keine architektonischen Überreste des antiken Sparta.

(laut). . . . .

(stehen) . . . .

2. nennen

Man *nennt* die nächtlich zu beobachtenden Leuchterscheinungen in polaren Gebieten auch Polarlichter.

(bezeichnen). . . . .

(so genannt, handeln) . . . .

3. nötigen

Die Umweltschutzgruppe will durch ihre unkonventionelle Aktion die Flussanlieger dazu *nötigen*, kein Abwasser mehr in das Gewässer zu leiten.

(Druck, sodass). . . . .

. . . .

(überzeugen) . . . .

. . . .

(Fortsetzung folgt)

Aufgabe 5 - Umformung eines Textstückes

Formen Sie das folgende kurze Textstück so um, dass sein Sinn erhalten bleibt. Und nicht vergessen: möglicherweise müssen auch nicht *kursiv* gedruckte Wörter wegfallen!

Nimmt man *beispielsweise* die Familienpolitik, so *lässt* sich unschwer feststellen, dass deren Bedeutung immer noch nicht in ihrem *ganzen Ausmaß* erkannt worden ist. *Gemeint* ist *dabei*, wie man Paaren *angesichts* ständig steigender Kosten für den Nachwuchs die *Entscheidung leichter machen* kann, eine mehrköpfige Familie zu gründen. Und hier sind nicht nur weitere finanzielle Hilfen *erforderlich*, sondern es müssen darüber hinaus Eltern mit Kindern in das Alltagsleben besser *einbezogen* werden, wozu selbst das Kinderstühlchen im Restaurant und der Lieferservice im Supermarkt *gehören*.	*heranziehen, Beispiel* *können* *verkennen, Frage* *obwohl* *überzeugen (Passiv)* *Modalverb, leisten* *Einbeziehung, kommen* *Nutzen, sein*	*Zieht man als Beispiel …*

Einheit 10

Der Grammatik - Tipp:

Einheit 10 richtet ihr Augenmerk auf das kleine Wörtchen **„es"**, sei es bei **unpersönlichen Verben**, sei es im Zusammenhang mit **dass - Sätzen** und **Infinitivkonstruktionen**.
Es wäre gut, wenn Sie sich diese Thematik noch einmal ins Gedächtnis rufen würden.

Aufgabe 1 - Umformungen mit Funktionsverben: „Bewegung"

a) Ordnen Sie die folgenden Funktionsverben den entsprechenden Definitionen zu.

1		etwas in Bewegung setzen, bringen	A	alles tun, um ein bestimmtes Ziel zu erreichen
2		in Bewegung geraten, kommen	B	funktionieren, laufen, für einen Menschen: aktiv, tatkräftig sein
3		sich in Bewegung setzen	C	losgehen, losfahren
4		in Bewegung sein	D	sich unkontrolliert bewegen
5		alle Hebel/ Himmel und Hölle in Bewegung setzen	E	beginnen, am Beginn einer Entwicklung stehen
6		sich Bewegung verschaffen	F	(nicht) verheimlichen, wie gerührt man von etwas ist
7		sich seine (innere) Bewegung (nicht) anmerken lassen	G	dafür sorgen, dass etwas seinen Anfang nimmt
8		eine unbedachte Bewegung machen	H	sich körperlich bewegen, spazieren gehen

b) Formen Sie die folgenden Sätze unter Zuhilfenahme eines der obigen Funktionsverben um. Beachten Sie auch die Angaben in den Klammern.

Beispiel:

⇨ Nachdem die Schneewehe auf den Schienen beseitigt worden war, konnte der Zug wieder *losfahren*. (Bewegung, setzen).

⇨ Nachdem die Schneewehe auf den Schienen beseitigt worden war, konnte sich der Zug wieder in Bewegung setzen.

1. Alles *Menschenmögliche* wurde *unternommen*, um den Kindern, die nur unschuldige Kriegsopfer waren, zu helfen. (Hebel, Bewegung)

....

....

2. Niemand sollte *merken*, *wie tief bewegt* er war. (innere, Bewegung, anmerken)

....

3. Sie *trat ungeschickt* mit dem *Fuß auf*, stolperte über ein kleines Hindernis auf dem Weg und fiel einem Passanten direkt in die Arme. (unbedacht, Bewegung)

....

....

4. Er trat ins Freie, um seine *verspannten Gliedmaßen* ein wenig zu lockern. (Bewegung, verschaffen)

....

c) Formen Sie die folgenden Sätze mithilfe der in Klammern stehenden Wörter um.

Beispiel:

⇨ Das Engagement der jungen Leute hatte tatsächlich Vieles in Bewegung gebracht. (Anfang, nehmen)

⇨ Mit dem Engagement der jungen Leute hatte tatsächlich Vieles seinen Anfang genommen.

1. Nach mehrwöchigem Stocken waren die Gespräche nunmehr wieder in *Bewegung geraten*. (aufnehmen)

....

2. Eine *unbedachte Bewegung* und das Kistchen fiel mit großem Gepolter zu Boden. (Moment, Unachtsamkeit)

. . . .

3. *Deutlich* war den Gästen ihre *Bewegung anzumerken*, als sie erfuhren, dass soeben die weltberühmte Diva der Oper eingetroffen sei. (können, Bewunderung, verhehlen)

. . . .

. . . .

4. Wenn sie nicht ständig in *Bewegung ist*, scheint sie unglücklich zu sein. (tun, haben)

. . . .

Aufgabe 2 - Lexikonarbeit

Suchen Sie mithilfe des Lexikons und der Wörter unten feste Wendungen zu den folgenden Substantiven und ergänzen Sie die Sätze.

an - auf - behalten - fein - finden - haben - im - in - in - ins - kommen - kommen - schlecht - setzen - trügen - zeugen - zurückrufen

a) „Gedächtnis"

1. Zunächst sollte man sich . . . . Gedächtnis . . . . , wer die Beteiligten an dem Coup waren.
2. Wenn mich mein Gedächtnis nicht . . . . , ist heute Samstag und nicht Sonntag.
3. Telefonnummern und Daten kann er über Jahre . . . . Gedachtnis . . . .

b) „Umlauf"

1. Die neue Währung wurde am 1. Januar um 0.01 Uhr . . . . Umlauf . . . .
2. Das Gerücht ist . . . . Umlauf . . . . , dass der Verlag Konkurs angemeldet hat.

c) „Geschmack"

1. Nachdem sie an einem „Schnupperkurs" teilgenommen hatten, sind beide . . . . . . den Geschmack an dem Sport . . . .
2. . . . . den nun regelmäßig durchgeführten Weinproben . . . . immer mehr Weinliebhaber Geschmack.
3. Die einfache, aber gut gewählte Einrichtung beweist, was für einen . . . . Geschmack er . . . . , während die überladenen Räume im Obergeschoss eher von einem . . . . Geschmack . . . .

Aufgabe 3 - Umformungen mit „Es"

Formen Sie die folgenden Sätze mithilfe der Wörter in den Klammern um.

Beispiel:

⇨ *Selbstverständlich* bereitete man den hohen Gästen einen feierlichen Empfang. (verstehen)
⇨ Es versteht sich, dass man den hohen Gästen einen feierlichen Empfang bereitete.

1. Es *fehlen* Fachkräfte, die die Wartung der empfindlichen Geräte *übernehmen* können. (Mangel, anvertrauen)

. . . .

2. *Aus Gewohnheit ging* sie den Weg zu ihrer alten Wohnung, was ihr erst auf halbem Wege *bewusst* wurde. (weil, gewohnt, einschlagen, merken)

....

3. Die Gruppe wollte *unbedingt* den Gipfel erreichen, bevor die Sonne aufgeht. (nehmen lassen, Sonnenaufgang)

....

4. Offenbar hatten es die Diebe nur auf ganz bestimmte Objekte *abgesehen*, *denn* sie hatten nicht planlos gesucht. (gehen, da)

....

5. Man sollte nicht *meinen*, dass im 21. Jahrhundert Phänomene wie Armut, Kinderarbeit oder Menschenhandel wieder im *Steigen begriffen* sind. (ausgeschlossen, halten, häufen)

....

....

6. Man *kann* es diesen Menschen nicht *verdenken*, dass sie nach Jahren der Unterdrückung den plötzlichen Wandel in der Politik *mit Misstrauen betrachten*. (verständlich, misstrauen)

....

7. *Obwohl* der Zugang zu den Bildungseinrichtungen verbessert worden ist, *nehmen* diese Möglichkeit nur unerwartet Wenige *in Anspruch*. (auffallen, trotz, nutzen, Passiv)

....

....

8. Während der mehrtägigen Konferenz wurde es *vermieden*, heikle Themen *anzuschneiden*, *sodass* das gemeinsame Schlussprotokoll keinen großen *Wert besitzt*. (ausweichen, was, Bedeutungslosigkeit, Folge)

....

....

9. *Auch wenn* es anfänglich nicht *gut aussah*, hat sie es in diesem Bereich erstaunlich *weit gebracht*. (ungeachtet, Schwierigkeiten, Erfolg)

....

10. Zunächst *lag* es an den schlechten Witterungsbedingungen, später an dem geringen Teilnehmerinteresse, dass der Wettkampf *abgesagt wurde*. (Grund, Absage)

....

....

11. *Entgegen* anders lautenden Gerüchten *nahmen* die Anlieger es *ernst* mit ihrer Ankündigung, um jeden Baum zu kämpfen. (zuwider, wahr machen)

....

....

Aufgabe 4 - VERBEN, VERBEN! 9. Fortsetzung

... N

4. nützen
Die Verbindung von Wasserreinigung und Gewinnung von Energie aus Abwässern dürfte den Kommunen sehr *nützen*.
(Interesse). . . . .
(Vorteil). . . . .

5. nützlich sein
Grundlegende Kenntnisse über Erste-Hilfe-Maßnahmen sind für Hobby-Bergsteiger immer *nützlich*.
(Nutzen). . . . .
(gut, *Nebensatz*). . . . .

R

1. reich sein
Biogemüse *ist reich* an wertvollen Mineralien und Spurenelementen.
(enthalten). . . . .
(vorhanden). . . . .

2. rekonstruieren
Nach Abschluss der Untersuchungen war die Kriminalpolizei in der Lage, den Tathergang zu *rekonstruieren*.
(Bild). . . . .
(verstehen, wie, „in der Lage" entfällt). . . . .
. . . .

3. rentieren
Nach Ansicht vieler Wirtschaftsfachleute *rentieren* sich Investitionen in umweltfreundliche Produkte nicht.
(führen, Verluste). . . . .
(Gewinn). . . . .

S

1. schaffen
In den Jahren der Diktatur wurde von den Machthabern ein ausgeklügeltes System *geschaffen*, um die Bürger bestmöglich zu überwachen.
(ausdenken). . . . .
. . . .
(entwickeln, *kein Nebensatz*). . . . .
. . . .

2. scheinen
Es *scheint* so zu sein, als liefen die Parallelen im Unendlichen zusammen, was aber eine optische Täuschung darstellt.
(glauben, beobachten, *„so" entfällt*). . . . .
. . . .
(aussehen, als ob). . . . .
. . . .

3. schreiben
Noch am selben Tage *schrieb* Annette ihrer Kusine und bat sie um dringenden Rat.
(abgehen, *Relativsatz*). . . . .
(wenden, Brief). . . . .

4. sehen
Die Gebäudeschäden, die durch das Erdbeben entstanden waren, waren deutlich zu *sehen*.
(lassen, erkennen, *kein Nebensatz*). . . . .
(übersehen). . . . .

5. sichern I
Um unseren Lebensstandard zu *sichern*, müssen wir nicht immer mehr, sondern immer intelligenter produzieren.
(sinken). . . . .
(Erhalt). . . . .

6. sichern II
Die hochwertigen Inhaltsstoffe *sichern* die Qualität des Produkts sowie seine bedenkenlose Anwendung.
(Garantie). . . . .
(bürgen). . . . .

7. sinken
Das Flugzeug *sank* langsam in die Tiefe.
(verlieren, Höhe, „Tiefe" entfällt). . . . .
(Flughöhe, gering). . . . .

Aufgabe 5 - Umformung eines Textstückes

Formen Sie das folgende kurze Textstück so um, dass sein Sinn erhalten bleibt. Und nicht vergessen: möglicherweise müssen auch nicht *kursiv* gedruckte Wörter wegfallen!

Es war *keineswegs Absicht*, dass bei den Ausschachtungsarbeiten für das neue Verwaltungsgebäude auch ein Archäologe *zugegen* war. *Man* sollte es *besser* als eine glückliche Fügung *bezeichnen, denn* sonst wären Gebäudereste sowie nahezu unversehrte Fundstücke wohl für immer *dem Erdboden gleichgemacht* worden. Und auch der *ansehnliche Münzfund* - im wahrsten Sinne des Wortes ein Schatz aus Gold und Silber - wäre nie *ans Tageslicht gekommen*. Eine Stadt unter der Stadt wurde hier *entdeckt*. Dem zufällig anwesenden Archäologen dürfte *es noch lange schwer gefallen sein zu glauben*, dass sein Veto auf Grund einer kleinen Scherbenansammlung sich zu einem archäologischen Park *inmitten* des Zentrums *ausgewachsen* hat.	rein, Zufall Anwesenheit schließlich herausstellen, da überleben viel, finden, Nebensatz verschüttet bleiben stoßen wohl kaum, ausmalen mitten Anlage, führen, Konj.II	*Die Anwesenheit ...*

Einheit 11

Der Grammatik - Tipp:

In dieser Einheit geht es zunächst um die **Präpositionen**. Vergewissern Sie sich noch einmal, **mit welchem Kasus** die Präpositionen jeweils gebraucht werden und wenn nötig, schauen Sie sich hierzu einige Übungen an. Im Übrigen sollten Sie wissen, welche **Verben mit dem Genitiv** verbunden werden.

Aufgabe 1 - Lexikonarbeit Präpositionen

a) Setzen Sie die passenden Präpositionen in die Lücken ein.

Beispiel:

⇨ Die Parlamentsdebatte stieß . . . . der breiten Öffentlichkeit . . . . wenig Interesse.
⇨ Die Parlamentsdebatte stieß in der breiten Öffentlichkeit auf wenig Interesse.

1. Auch . . . . die Gefahr hin, dass der Versuch misslingt, lohnt es sich, ihn durchzuführen.
2. Fatzke blieb ernst, ... dieser Hinsicht verstand er keinen Spaß.
3. Auch wenn sie das Gegenteil behaupteten, ... Wahrheit hatten sie schon lange von den Veränderungen gewusst.
4. . . . . Nacht hatte es endlich getaut und man konnte sich auf den Straßen wieder bewegen.
5. . . . . Schutze der Dunkelheit hatten sie das Haus unbemerkt verlassen können.
6. . . . . einem Male war deutlich eine Stimme zu hören.
7. Die Zuschauer hatten sich . . . . Rande des Spielfeldes versammelt und feuerten ihre Mannschaften begeistert an.
8. . . . . kurz oder lang werden sie wieder miteinander sprechen müssen.
9. . . . . allen Dingen solle man Ruhe bewahren, hatte man uns geraten.
10. Diese Neuigkeit darf vorerst . . . . keinen Fall an die Öffentlichkeit gelangen.
11. Die winzig kleinen Spuren waren . . . . dem bloßen Auge nicht zu erkennen.
12. . . . . Abschied brachte man den Abreisenden sogar ein Ständchen.

Aufgabe 2 - Umformungen: Substantive und Adjektive in Verbindung mit bestimmten Präpositionen (1)

Formen Sie die folgenden Sätze mithilfe der Wörter in den Klammern um.

Beispiel:

⇨ Mit *viel zu hoher Geschwindigkeit* bog das Fahrzeug von der Straße ab. (rasend, Fahrt)
⇨ In rasender Fahrt bog das Fahrzeug von der Straße ab.

1. Die Öffentlichkeit war bestürzt über das Ausmaß des Schlendrians in der Behörde. (reagieren, Bestürzung)

. . . .

2. Erst als man sie nicht mehr *hören* konnte, *entfernten* sich auch die Freunde von der Anlegestelle. (Reichweite, verlassen)

. . . .

3. Sie wollten *unbedingt* noch heute die Stadt erreichen. (Mitteln)

. . . .

4. Sie *wollte* ein *persönliches* Gespräch mit ihrem Angestellten führen. (gelegen sein, vier Augen)

. . . .

5. *Nachdem* das eigentliche Konzertprogramm beendet war, fanden sich die Solisten noch zu einigen Zugaben bereit. (Anschluss)

. . . .

. . . .

6. *Wenn* man so *alt* ist wie sie, sollte man besser zu Hause bleiben, statt ständig durch die *Weltgeschichte* zu *reisen*, oder nicht? (Alter, Reisen, Welt)

....

....

7. Noch nach Jahren und Jahrzehnten konnte er alle Daten *auswendig* dahersagen. (Kopf)

....

8. Das Problem zahlreicher Inhaber von Kreditkarten ist, dass sie *mehr Geld ausgeben, als* sie *besitzen*. (Verhältnisse, leben)

....

9. Er kam, weil er selbst es wollte. (frei, Wille).

....

10. *Langfristig* wird sich die Börse erholen, wenn es *gelingt*, wieder das Vertrauen der Investoren zu *gewinnen*. (Sicht, schenken)

....

....

11. Sie haben *viel zu viele* Blumen bestellt, nun wissen sie nicht, *wohin damit*. (Überfluss, anfangen)

....

12. *Beinahe* wäre es im Luftraum über dem Bodensee zu einer Kollision zwischen zwei Sportflugzeugen gekommen. (Haar, kollidieren)

....

....

Aufgabe 3 - Umformungen: Substantive und Adjektive in Verbindung mit bestimmten Präpositionen (2)

Formen Sie die folgenden Sätze mithilfe der Wörter in den Klammern um.

Beispiel:

⇨ Nach dem Fortfall der Unterstützung von außen brachen die Regime Schlag auf Schlag in sich zusammen. (ein, anderer)

⇨ Nach dem Fortfall der Unterstützung von außen brachen die Regime eines nach dem anderen in sich zusammen.

1. Alle Passagiere waren bereits *an Bord gegangen*. (befinden, Schiff)

....

2. Nach *menschlichem Ermessen* ist das Weltall unserem Begriff von Unendlichkeit gleichzusetzen. (soweit, beurteilen)

....

....

3. *In Friedenszeiten* werden die Gräuel des Krieges oft schnell vergessen. (Frieden, herrschen, Vergessenheit)

4. *Im* Vergleich zu früheren Äußerungen *gibt* sich der Präsidentschaftskandidat im Wahlkampf betont gemäßigt. (heranziehen, auftreten)

5. *Binnen* weniger Jahre hatte sich das Stadtbild durch die zahlreichen Neubauten völlig *verändert*. (Zeitraum, Aussehen, verleihen)

6. Zunächst erklärte er den Studenten das Problem *in allen Einzelheiten*. (ausführlich, möglich)

7. Durch das rechtzeitige Eingreifen der Tierschützer befinden sich die jungen Robben nun *außer Gefahr.* (gefährdet)

8. Bei der *Herstellung* dieses Weines werden *nur* Trauben der alten Weinstöcke *verwendet*. (herstellen, ausschließlich, Verwendung)

9. Zum großen *Erstaunen* der Zuschauer begannen die Schauspieler, sich gegenseitig zu *unterbrechen*. (erstaunt, Wort, fallen)

10. Es *schien*, als sei der Fahrer mit *Absicht* gegen die Mauer gefahren. (Anschein, Versehen)

11. Zu *Tausenden strömten* die Menschen *hinzu, um* dem Spektakel *beizuwohnen*. (unzählig, wollen, Zeuge)

12. *In aller Ruhe machten* sie sich über die beiden Torten *her*, die *man* den Gästen zum Nachtisch *servieren wollte*. (Eile, verspeisen, gedacht)

Aufgabe 4 - Verben mit dem Genitiv

Formen Sie die folgenden Sätze mithilfe der Wörter in den Klammern um.

Beispiel:

⇨ Die Initiatoren des Protestmarsches waren sich *sicher*, dass viele Menschen hieran *teilnehmen* würden. (gewiss, Teilnahme)

⇨ Die Initiatoren des Protestmarsches waren sich der Teilnahme vieler Menschen gewiss.

1. Bald wurde es ihnen zu *langweilig*, stundenlang zu *warten*. (überdrüssig)

....

2. Nach dem plötzlichen Tod beider Eltern *kümmerten* sich Verwandte um die Kinder. (annehmen)

....

3. Vielerorts *benutzt* man hier in der Landwirtschaft noch die alten Pferdegespanne, was romantisch *wirkt*, *aber* harte Arbeit bedeutet. (bedienen, trotz, Schein)

....

....

4. *Die Polizei glaubt*, dass alle vier Personen *Mitglieder* einer terroristischen Vereinigung sind. (verdächtigt, Mitgliedschaft)

....

5. Es *gibt* in dieser Region immer noch Handwerker, die sich mit dieser traditionellen Fertigungstechnik *auskennen*. (ansässig, kundig)

....

....

6. Die kleine Stadt *behauptet mit Stolz*, die wichtigsten Männer und Frauen des Befreiungskampfes *hervorgebracht* zu haben. (rühmen)

....

....

7. *Nachdem* es wieder zu Überschwemmungen *gekommen* war, wurden die verantwortlichen Ingenieure von ihren Posten abgesetzt. (erneut, Amt, enthoben)

....

....

8. Die Voraussagen einiger Wissenschaftler, dass es an einem bestimmten Tag zu einer bestimmten Stunde ein Erdbeben geben würde, *erwiesen* sich als *haltlos*. (Grundlage, entbehren)

....

....

Aufgabe 5 - VERBEN, VERBEN! 10. Fortsetzung

... S

8. spiegeln
In den Kunstwerken ihrer Zeit *spiegelt* sich der helle Geist des Barock.

(wiedergeben). . . . .

(Aufschluss). . . . .

. . . .

9. spielen
Bei der Bewertung der Ereignisse *spielen* auch subjektive Elemente eine große Rolle.

(Bedeutung). . . . .

. . . .

(beruhen). . . . .

. . . .

10. sprechen I
Es *spricht* meiner Ansicht nach für ihre Integrität, dass sie ihre Insider-Informationen trotz des Drucks, der auf sie ausgeübt wurde, nicht weitergab.

(Umstand, einnehmen, Ansicht, „Integrität" entfällt). . . . .

. . . .

(Beweis). . . . .

. . . .

11. sprechen II
Sprach man zunächst mit leisem *Spott* über die Erfindung, so wurden die Kritiker später eines Besseren belehrt.

(lustig). . . . .

. . . .

(ernst). . . . .

. . . .

8. standhalten
Es ist anzunehmen, dass dieser Kompromiss der *Kritik standhalten* wird.

(tragfähig). . . . .

(behaupten). . . . .

13. sterben
Bei dem Unfall *starben* beide Fahrzeugführer und die Insassen der PKW.

(Tod). . . . .

(überleben, weder). . . . .

. . . .

14. stören
Die riesigen Werbetafeln auf den Dächern der Gebäude in der Innenstadt *störten* die Kommunalpolitiker und wurden daher abgeschafft.
(Dorn, Auge). . . . .
. . . .
(bieten, hässlich, Anblick). . . . .
. . . .

15. streben
Die Einwanderer *strebten* danach, Land zu erwerben, was zu blutigen Konflikten mit den ursprünglichen Einwohnern führte.
(anstreben, *kein Infinitiv*). . . . .
. . . .
(Wunsch, kommen, „erwerben" entfällt). . . . .
. . . .

U

1. überdauern
Auch wenn die Grenze nun offen war, *überdauerte* das Gefühl der Fremdheit bei den Menschen diesseits und jenseits des alten Zaunes noch lange die anfängliche Freude.
(anhalten, ungeachtet). . . . .
. . . .
(verlassen, trotz). . . . .
. . . .

2. übergehen
Das Thema der Finanzierung der kommunalen Selbstverwaltung wurde zunächst *übergangen*.
(zuwenden). . . . .
(beschäftigen). . . . .

3. überlassen
Es ist den Stadt- und Gemeindeparlamenten *überlassen*, ob sie am neuen Programm kommunaler Zusammenarbeit teilnehmen möchten.
(Ermessen). . . . .
. . . .
(entscheiden). . . . .
. . . .

4. überschätzen
Den Grad der Einflussnahme von Gewaltdarstellungen in Film und Fernsehen auf Jugendliche sollte man nicht *überschätzen*.
(hoch, ansetzen). . . . .
. . . .
(halten). . . . .
. . . .

5. übertragen
Im Anschluss an die Ausschreibung wurde dem internationalen Unternehmenskonsortium die Ausführung der Arbeiten *übertragen*.

(übernehmen). . . . .

. . . .

(beauftragen). . . . .

. . . .

6. überzeugen
Viele Menschen sind *überzeugt* davon, dass auf anderen Himmelskörpern Spuren von Leben zu finden sind.

(Überzeugung). . . . .

. . . .

(*Modalverb*, ausschließen). . . . .

. . . .

(Fortsetzung folgt)

Aufgabe 6 - Umformung eines Textstückes

Formen Sie das folgende Textstück so um, dass sein Sinn erhalten bleibt.

<table>
<tr>
<td>Offenbar hat der moderne Mensch immer noch nicht genug und er
sucht nach immer mehr, um auch seine seltsamsten Bedürfnisse zu
befriedigen. So kursieren Kataloge, die mehr oder minder
wohlhabenden Konsumenten per Internet den Weg zu jenen
Stätten bahnen, die von sich behaupten, des Menschen verborgene
Träume wahr zu machen.
Wer also immer schon einen Hubschrauber wollte, bestellt ihn nun
mit ein paar Mouseklicks, wem das profane Allerweltsdesign von
Möbeln zu langweilig wird, holt sich gewagte Kombinationen aus
Fahrrad und Schreibtisch ins Haus. Und wem das alles zu teuer ist,
für den bietet besagter Katalog sicher auch etwas für den kleineren
Geldbeutel. Ist das nun die Dekadenz des angehenden
Jahrtausends? Sind die stolzen Besitzer mit dem Erwerb ihrer
Traumdinge nun wirklich dem Glück ein Stückchen näher
gekommen?</td>
<td>reichen
Ausschau
Befriedigung - Umlauf
aufmerksam
Anliegen
Verwirklichung, helfen
derjenige, groß, Wunsch, erledigen
und derjenige
überdrüssig, entscheidet
bezahlen
finden, Anspruchsvolles
Anfang, stehen, Nebensatz
erlangt
glücklich machen</td>
</tr>
</table>

Einheit 12

Der Grammatik - Tipp:

Empfehlenswert ist für diese Einheit, dass Sie sich noch einmal die **Bildung und den Gebrauch der Partizipien** anschauen. Wann immer Sie Zeit haben, wiederholen Sie die **Präpositionen** in all ihren Erscheinungsformen, mit Substantiven, mit Verben usw. usf.

Aufgabe 1 - Umformungen mit Partizipien (1)

Formen Sie die folgenden Sätze mithilfe der Wörter in den Klammern um.

Beispiel:

⇨ Bei den damals *herrschenden* Verhältnissen war es schwierig, eine bessere Versorgung der Bevölkerung zu gewährleisten. (so, wie, können)

⇨ So, wie die Verhältnisse damals waren, konnte eine bessere Versorgung der Bevölkerung nur schwierig gewährleistet werden.

1. Die Verhandlungen wurden unter der *stillschweigenden Voraussetzung* wieder aufgenommen, dass ein *nochmaliger Misserfolg* Konsequenzen *nach sich ziehen würde.* (bedürfen, Erwähnung, Erfolg, führen, vermeiden)

. . . .

. . . .

2. *Durch* Zufall waren Fischer auf das vor mehr als 2000 Jahren *gesunkene* Handelsschiff gestoßen. (verdanken, Wrack, alt, ausfindig)

. . . .

3. Die im Herbst *welkenden* Blätter *verleihen* diesem Landstrich ein farbenfrohes, fast märchenhaftes Aussehen. (welk, Nebensatz, verwandeln, Kulisse)

. . . .

. . . .

4. Das *untergehende* Reich der Karthager *verlor* innerhalb kurzer Zeit seinen ganzen Einfluss in der Region. (Untergang, begreifen, besitzen)

. . . .

. . . .

5. Den in diesem Zusammenhang zu *verzeichnenden* Besonderheiten soll an anderer Stelle Beachtung *geschenkt* werden. (beobachten, können, finden)

. . . .

. . . .

6. Die Zeremonie *läuft* nach einem seit Jahrhunderten *vorgegebenen* Muster *ab.* (Ablauf, Vorgaben, festlegen, ändern)

. . . .

7. Denkbare, *mit* dieser Ernährungsform *einhergehende* Mangelerscheinungen sollen durch bestimmte Zusätze ausgeglichen werden. (Folge, begegnen)

. . . .

. . . .

8. Vor allem die hier *anzutreffenden* Einwanderer aus *aller Herren Länder geben* dem Stadtviertel sein *ganz eigenes Flair.* (niederlassen, Welt, prägen)

. . . .

9. Die zuletzt *zu* beobachteten Kapriolen des Wetters *entpuppen* sich bei näherem Hinsehen als durchaus gewöhnliche, meteorologische Phänomene. (Zeit, lassen, handeln)

. . . .

. . . .

10. Die diesen Menschen *zustehenden* Hilfen *erreichten* sie erst nach lautstarkem Protest in der Öffentlichkeit. (Anspruch besitzen, empfangen)

. . . .

. . . .

Aufgabe 2 - Umformungen mit Partizipien (2)

Formen Sie die folgenden Sätze mithilfe der Wörter in den Klammern um.

Beispiel:

⇨ *Im Großen und Ganzen* verlief die Veranstaltung *entsprechend den Voraussagen* der Planer. (Kleinigkeiten, absehen, voraussehen)

⇨ Von Kleinigkeiten abgesehen verlief die Veranstaltung so, wie die Planer es vorausgesehen hatten.

1. Es stellt sich also die Frage nach einer *Vereinfachung* des Zugangs zur Praxis für Mediziner, *die* ihr *Universitätsstudium noch nicht abgeschlossen* haben. (erleichtern, angehen)

. . . .

. . . .

2. Nur mittels einer Wirtschaftsweise, *die* sich von der *alten deutlich unterscheiden muss*, ist auf lange Sicht gegen die Umweltprobleme *anzukommen*. (neu, überdenken, beikommen)

. . . .

. . . .

3. *Ohne* die Gegenargumente, *mit denen* er sich *plötzlich konfrontiert sah* und die ihn *überzeugten*, hätte er seine Haltung nicht *geändert*. (einleuchtend, unverrichteter Dinge, vorbringen, Änderung, zu tun haben)

. . . .

. . . .

4. Ihnen *schwebte* eine Gesellschaftsordnung *vor, die* auf dem Abbau von überflüssigen Hierarchien *beruhte*. (denken, bestimmt)

. . . .

. . . .

5. Die Zuschauer gähnten *vor Langeweile* in ihren Sesseln, *bestand* das Stück *doch nur* aus endlosen, *nichts sagenden* Monologen. (langweilen, unfähig, ertragen, Inhalt)

. . . .

. . . .

6. Eine solche Reaktion der Substanzen, *die* nicht leicht *hervorgerufen* werden kann, ist *Voraussetzung* für die Erzeugung von Energie. (ohne, schwierig, auslösen, können)

....

....

7. Wie sie es *stets zu tun pflegte*, *ging* ihrem mit Terminen gespickten Arbeitstag ein *Besuch* bei ihrer kranken Mutter *voraus*. (gewohnt, zuerst, bevor, beginnen)

....

....

8. Zum Küstenstreifen hin *öffnete* sich ein Waldstück, das man auf einem engen Weg, d*er sich durch die Gehölze schlängelte*, *durchqueren musste, um* bis an die Klippen *zu gelangen*. (liegen, gewunden, führen, erreichen)

....

....

9. Der Anblick der Kinder, die zu niemandem zu *gehören* schienen, *bewegte* die Helfer und *so organisierten* sie einen Suchdienst, *um* die auseinandergerissenen Familien *wieder zusammenzuführen.* (verlassen, betroffen, Leben, rufen)

....

....

10. Durch die Steuern, *die* für bestimmte Güter zu *entrichten* sind, werden die Preise künstlich *erhöht*. (entfallen, Höhe, treiben)

....

Aufgabe 3 - Aufspalten von Substantiven

Formen Sie die folgenden Sätze mithilfe der Wörter in den Klammern um.

Beispiel:

⇨ Die sich seit dem 13. Jahrhundert entwickelnde Deutsche Hanse *umfasste* einen *Städtebund* aus zahlreichen, wirtschaftlich starken Handelsstädten. (zusammenschließen)

⇨ In der sich seit dem 13. Jahrhundert entwickelnden Deutschen Hanse schlossen sich zahlreiche, wirtschaftlich starke Handelsstädte zusammen.

1. *Freudenschreie* der Angehörigen und Freunde wurden laut, als sie die ersten Geretteten *sahen*. (schreien, Anblick)

....

2. *Erwerbsunfähigkeit* nach Unfällen *bedeutet* oft genug, dass Arbeitnehmern nun für den Rest ihres Lebens *weniger* Geld *zur Verfügung steht.* (arbeiten, Folge, wesentlich, Minderung, Einkünfte)

....

....

3. *Großstadtkinder* besitzen kein unmittelbares Verhältnis zur Natur, da es ihnen an eigenen Erlebnissen und Erfahrungen *mangelt.* (aufwachsen, mangels)

....

4. Mit der *Fertigstellung* der *Umgehungsstraße* wurde die Innenstadt erheblich *entlastet*. (seit, umfahren, Verkehr)

. . . .

5. Mit einem *Beifallssturm belohnte* das Publikum alle Solisten des Konzertabends. (spenden)

. . . .

6. *Nach der Aufdeckung* des Schmiergeldskandals wurden alle *Bankguthaben* der verdächtigten Beamten und Politiker eingefroren. (nachdem, Bankkonto, anlegen)

. . . .

. . . .

7. Die kleinen Tierchen *besitzen* eine *Überlebensstrategie*, mit der sie auch über den härtesten Winter kommen. (entwickeln, überleben, schützt)

. . . .

. . . .

8. Intensive *Bildschirmarbeit* wird für Sehstörungen und chronische Kopfschmerzen *verantwortlich gemacht*. (Arbeit, zurückführen)

. . . .

9. Das Erlernen einer Fremdsprache im *Frühunterricht* hat nur dann *Sinn*, wenn auch in der Grund- und weiterführenden Schule *kontinuierlich* hiermit *fortgefahren* wird. (Beginn, sinnvoll, Gewähr, Kontinuität)

. . . .

. . . .

10. Um den gestiegenen Ansprüchen der Reisenden *gerecht* zu werden, verbessert die Bahn ihren Service. (genügen)

. . . .

Aufgabe 4 - Umformungen mit Nominalisierungen

Formen Sie die folgenden Sätze mithilfe der Wörter in den Klammern um.

Beispiel:

⇨ *Nur solange Tag war,* konnten die Rettungsarbeiten fortgeführt werden. (Dunkelheit, einstellen)

⇨ Bei Dunkelheit mussten die Rettungsarbeiten eingestellt werden.

1. *Zwecks Vereinheitlichung* der Gesetzgebung in der Europäischen Union *erarbeitete* die Kommission zunächst *Vorschläge, die* sie den Mitgliedern vorlegte. (Ziel, angleichen, ausgearbeitet, Entwurf)

. . . .

. . . .

2. Als er sich das alte Haus näher *anschaute, glaubte* er, sich wieder an Szenen aus seiner Kindheit *erinnern* zu können. (Betrachten, scheinen, wach)

. . . .

3. Trotz der offenen *Drohungen*, dass das Land *angegriffen* werden sollte, zogen die Militäreinheiten kurze Zeit später unverrichteter Dinge wieder ab, was *niemand erwartet* hätte. (obwohl, drohen, wider)

....

....

4. Damit sich die Not der Obdachlosen in der Stadt *bessert, stellt* man ihnen an zentralen Stellen ein Bad, eine Küche und eine geschützte Schlafgelegenheit *zur Verfügung.* (Linderung, nutzen)

....

....

5. Kurz bevor die Erschütterungen eines Erdbebens zu *spüren* sind, ist ein eigenartig brausendes Geräusch zu *hören*. (Wahrnehmung, lassen, vernehmen)

....

....

6. *Es* wurde mit einem Aufschub des Programms *gerechnet*, doch schließlich *fanden* sich Sponsoren, die die nötige finanzielle Unterstützung *gewährten*. (ausgehen, verschieben, sicherstellen)

....

....

7. *Trotz* der aufwendigen Sicherheitsmaßnahmen *gelang* es zwei Mönchen, die wertvollen Seidenraupen in ihren Stöcken nach Europa zu *schmuggeln*. (obwohl, gelangen)

....

....

8. *Wegen* der großen *Nachfrage* kam es mittelfristig zu einem Boom in der Branche, was auch die Schaffung neuer Arbeitsplätze in der Region *zur Folge hatte.* (Bedarf, decken, erleben, schaffen)

....

....

9. Während ihres *Auslandaufenthaltes* wurde den Studenten die *Gelegenheit* gegeben, *Einblick* in die Arbeitsmethoden der dortigen Forschungseinrichtungen zu *gewinnen*. (Ausland, Gast, Möglichkeit, vertraut)

....

....

10. Die *Einsamkeit* vieler alter Menschen in den dicht besiedelten anonymen Städten *erreicht* oft *nahezu unbeschreibliche Ausmaße*. (wie, allein, kaum, beschreiben)

....

....

Aufgabe 5 - VERBEN, VERBEN! 11. Fortsetzung

... U

7. umbringen
Im Laufe des Bürgerkrieges wurden viele Menschen unter politischen Vorwänden *umgebracht*.

(Leben, bringen). . . . .

(Tod, bringen). . . . .

8. umfassen
Die Gesamtausgabe *umfasst* auch den ausgedehnten Briefwechsel des Schriftstellers mit Künstlern seiner Epoche.

(eingeschlossen). . . . .

(aufnehmen). . . . .

9. umgehen
Viele Industriebetriebe, die Anlieger des Naturschutzgebietes sind, *umgehen* immer wieder die Umweltauflagen.

(verstoßen). . . . .

(zuwiderhandeln). . . . .

10. umsehen
Schon früh *sah* sich Genzberg nach einem geeigneten Grundstück *um*, um seinem Vorhaben Gestalt zu geben.

(Ausschau). . . . .

(Suche). . . . .

11. umsetzen
Die Maschinenbauindustrie hat wegen des Kursverlustes der Währung wesentlich mehr *umgesetzt* als im Vorjahr.

(Umsatz). . . . .

. . . .

(Verkäufe, gegenüber). . . . .

. . . .

12. unterschätzen
Die Präsentation von Nachrichten besitzt einen nicht zu *unterschätzenden* Einfluss auf die Meinungsbildung.

(hoher Grad, beeinflussen). . . . .

(sollen, *Relativsatz*, unbedeutend halten). . . . .

. . . .

V

1. veranlassen
Ein völlig belangloses Missverständnis, ausgelöst durch die Fehlinformation eines unbeteiligten Dritten, *veranlasste* das *Auseinandergehen* der beiden Teilhaber.

(Schuld, auseinander gehen). . . . .

. . . .

(Anlass, *Nebensatz*). . . . .

. . . .

2. verändern
Die ursprüngliche städtebauliche Gestaltung des Viertels wollte man nicht *verändern*.

(belassen). . . . .

(Änderung, unterziehen). . . . .

3. verdächtigt werden
Die gesamte Unternehmensführung *wird* der Unterschlagung *verdächtigt*.

(Verdacht, geraten). . . . .

(Last, legen). . . . .

4. verdanken
Diesem sensationellen Fund *verdanken* wir neue Erkenntnisse über die Besiedlung des Gebietes in der Antike.

(dank, kommen). . . . .

(weil, machen, besitzen). . . . .

5. verdienen
Die Anleger waren davon überzeugt, an dem Unternehmen *gut zu verdienen*.

(herausspringen). . . . .

(Gewinn machen). . . . .

6. verfügen I
Die Stiftung *verfügt* über ausreichende Geldmittel zur Durchführung des Projekts.

(mangeln). . . . .

(Verfügung, durchführen). . . . .

7. verfügen II
Die Erben können über einen großen Teil des geerbten Vermögens nach eigenem Gutdünken *verfügen*, während ein bestimmter Betrag in die Stiftung eingehen muss.

(verwenden). . . . .

. . . .

(Gebrauch machen). . . . .

. . . .

(Fortsetzung folgt)

Aufgabe 6 - Umformung eines Textstückes

Formen Sie das folgende Textstück so um, dass sein Sinn erhalten bleibt.

Eine in der öffentlichen Diskussion *vernachlässigte Seite* des Drogenproblems ist die der sogenannten Beschaffungskriminalität. *Man* hat sich so *sehr* - ob *zurecht* oder zu *Unrecht*, sei hier *dahingestellt* - daran *gewöhnt*, als Opfer diejenigen zu *bezeichnen*, die Drogen *konsumieren*, dass diejenigen, die diesen Konsum oft unfreiwillig *bezahlt* haben, aus dem *Blickfeld* geraten sind. *Denken muss* man etwa an alte Menschen, die auf offener Straße *bestohlen* werden *und* deren Unsicherheit, *abgesehen* vom materiellen Verlust, *in* einer Welt, die älteren Mitbürgern ohnehin oft nur schwer begreiflich ist, noch *wächst*. Oder der Student, der einen Sommer lang jobbt, um sich endlich sein Wunschfahrrad *anzuschaffen*, *dessen Überlebenschancen* ohne aufwendige *Sicherheitsmaßnahmen* nur noch *gering* sind. Nur ein *Anreiz*, das Drogenproblem auch einmal unter diesem *Aspekt* zu betrachten.	Aspekt, Beachtung berechtigterweise, offen, gewöhnlich Vordergrund, Drogen~ aufkommen, denken indessen, vergessen Opfer, was, nicht mitzählen zumal erhöhen zwecks wobei, wahrscheinlich, klauen sichern - vielleicht, sollen Seite

Einheit 13

Der Grammatik - Tipp:

Wenn Sie es bisher noch nicht getan haben, dann sollten Sie sich nun die **Deklination der Adjektive** zu Gemüte führen, damit Ihnen hier kein Fehler unterläuft.

Adjektivsuffixe (1)

Schauen Sie sich, bevor Sie daran gehen, die folgenden Aufgaben zu lösen, genau die Tabelle an. Sie zeigt Ihnen, welche Bedeutungen bestimmte Adjektivsuffixe besitzen können.

Adjektivsuffixe bei Adjektiven, die aus Substantiven abgeleitet sind	
Adjektivsuffix	Beispiele
-haft drückt (1) in der Regel Vergleiche und Gleichsetzungen aus, (2) in einigen Fällen auch die Eigenschaft einer Sache	*(1) hünenhaft = wie ein Hüne, einem Hünen gleich; laienhaft = wie ein Laie* *(2) fehlerhaft = mit Fehlern behaftet*
-getreu, -gleich, -förmig, -artig, -ähnlich besitzen ebenfalls die Funktion der Gleichsetzung und des Vergleichs	*originalgetreu = genau wie das Original* *inhaltsgleich = mit gleichem Inhalt* *kugelförmig = in der Form einer Kugel* *gleichartig = von gleicher Art* *wellenartig = der Form von Wellen ähnlich* *menschenähnlich = einem Menschen ähnlich*
-e(r)n, in Verbindung mit Materialien oder Stoffen, drückt aus, dass ein Gegenstand etc. aus diesem Stoff gemacht ist, beim Suffix -ern regelmäßig mit Umlaut	*seiden = aus Seide,* *metallen = aus Metall,* *steinern = aus Stein oder* *hölzern = aus Holz*
-haltig drückt aus, dass etwas im Substantiv, das folgt, enthalten ist	*fetthaltige Creme = in der Creme ist Fett enthalten*
-**reich, -voll, -stark, -schwer, -selig** drücken aus, dass im Substantiv, das folgt, viel von dem im Adjektiv Genannten enthalten ist	*erfolgreich = mit großem Erfolg* *liebevoll = mit viel Liebe* *ausdrucksstark = mit starker Ausdrucksfähigkeit* *folgenschwer = etwas, was zahlreiche Folgen nach sich zieht* *glückselig = überglücklich, voller Glück*
-arm, -schwach, -los, -frei, -leer drücken aus, das im Substantiv, das folgt, etwas nur in geringem Maße oder überhaupt nicht enthalten ist	*kalorienarm = mit wenig Kalorien* *charakterschwach = mit mangelnder innerer Festigkeit* *hilflos = der sich nicht zu helfen weiß* *niederschlagsfrei = ohne Niederschläge* *inhaltsleer = ohne Inhalt*
-gemäß (-mäßig), -gerecht drücken eine genaue Entsprechung aus („in der Art von; wie verlangt")	*plangemäß / planmäßig = dem Plan entsprechend* *kindgerecht = wie ein Kind es braucht, verlangt*
-widrig drückt das Nichtvorhandensein einer Entsprechung aus	*regelwidrig = den Regeln nicht entsprechend, entgegen den Regeln, gegen die Regeln verstoßend*

Aufgabe 1 - Umformungen mit Adjektiven (1)

Formen Sie die folgenden Sätze mithilfe der in Klammern stehenden Wörter um und nehmen sie hierfür auch die Tabelle zu Hilfe.

Beispiel:

⇨ Es war ein *glückloser* Versuch für ihn. (Glück, mangeln)
⇨ Es mangelte ihm bei diesem Versuch an Glück.

1. Wer an dieser Kreuzung nach links abbiegt, verhält sich *verkehrswidrig*. (Verkehrsregeln)

. . . .

2. Dieses Erfrischungsgetränk ist *koffeinhaltig*. (Koffein)

. . . .

3. Die armen Leute standen, in *wollene* Tücher gehüllt, am Straßenrand und warteten. (Wolle)

. . . .

4. Das Unternehmen nahm im Rahmen einer Rückrufaktion die *mangelhaften* Produkte zurück. (Mangel)

. . . .

5. Die Landschaft hier ist *märchenhaft*. (schön, Märchen)

. . . .

6. Die Verwendung von *verschiedenartigen* Materialien erweckt den Eindruck der Lebendigkeit. (unterschiedlich, Beschaffenheit)

. . . .

7. Der Platz vor der Kirche war in der heißen Mittagsstunde *menschenleer*. (antreffen)

. . . .

8. In der letzten Ratsversammlung wurde ein *behindertengerechter* Zugang zu allen öffentlichen Gebäuden gefordert. (Bedürfnis, Behinderte)

. . . .

. . . .

9. Es handelt sich um eine *wirklichkeitsgetreue* Nachstellung der historischen Ereignisse. (nichts, Wirklichkeit, abweichen)

. . . .

10. Die *reizvolle* Gegend inspirierte viele Künstler, allem voran Maler und Musiker. (Fülle, Reiz)

. . . .

11. Fünf *steinerne* Stufen führten in den Keller hinab. (Stein)

. . . .

12. Man plant, *leistungsschwache* Schüler in speziellen Förderkursen unterzubringen. (Leistung)

. . . .

Aufgabe 2 - Umformungen mit Adjektiven (2)

Formen Sie die folgenden Sätze mithilfe des in Klammern stehenden Adjektivs um.

Beispiel:

⇨ Sie *wussten* sich keinen Rat. (ratlos)

⇨ Sie waren ratlos.

1. Wegen des *ausbleibenden* Erfolges wurde das Theaterstück wieder abgesetzt. (erfolgreich)

. . . .

2. Die Kinder erwartete ein Abend voller *Überraschungen*. (abwechslungsreich)

. . . .

3. Der nächste Schritt der Untersuchungsreihe wird so durchgeführt, wie wir es *geplant* hatten. (planmäßig)

. . . .

4. Das Dach des Museums, *das* an Wellen *erinnert*, soll die Verbindung zum Fluss symbolisieren. (wellenförmig)

. . . .

5. Bei diesem Kauf *gehen* Sie *keinerlei Risiko ein*! (risikofrei)

. . . .

6. Ihrer Ansicht nach *sollte* man diese Entscheidung *nicht auf die leichte Schulter nehmen*. (handeln, bedeutungsschwer)

. . . .

7. Leise und wie eine *Katze* näherte sich der kleine Max auf Zehenspitzen dem Kühlschrank. (~gleich)

. . . .

8. Von oben gesehen erinnert das Straßennetz der Städte an Adern und Verflechtungen, die auf einem *Blatt* zu sehen sind. (~ähnlich)

. . . .

9. Diese Klimazone zeichnet sich durch einen *Mangel an Vegetation* aus. (vegetationsarm)

. . . .

10. Bei der Neuinszenierung von Faust I. *sind die Rollen* sowohl von Faust als auch von Mephisto gleichermaßen *hervorragend besetzt.* (Spiel, ausdrucksstark)

. . . .

. . . .

11. Das Verbrechen, *das* selbst bei den Kriminalisten *Grauen erregte*, wurde schnell aufgeklärt. (grauenhaft)

. . . .

12. Der Ernährungsplan des Sportlers *sieht* Speisen mit *reichen Anteilen* an Vitaminen, Spurenelementen usw. vor. (stehen, gehaltvoll)

. . . .

. . . .

Aufgabe 3 - Erklärung der Bedeutung von Adjektiven

Geben Sie die folgenden Adjektive mit eigenen Worten wieder. Achten Sie auf die metaphorische Bedeutung mancher Adjektive (mit (!) gekennzeichnet).

Beispiel:

eine artenreiche Fauna ⇨ eine Fauna mit vielen Arten.

1. ein aussichtsloses / aussichtsreiches Unterfangen . . . .
2. eine segensreiche (!) Erfindung . . . .
3. eine fremdartige Kultur. . . . .
4. seine bedeutungsschwersten Werke . . . .
5. ihr kopfloses (!) Handeln . . . .
6. mit eherner (!) Disziplin . . . .
7. eine federleichte (!) Wolke . . . .
8. bleischwere (!) Lider . . . .

Aufgabe 4 - Ableitung von Substantiven aus Adjektiven

Finden Sie zu den folgenden Adjektiven die entsprechenden Substantive.

Beispiel:

formwidrig ⇨ Formwidrigkeit.

1. andersartig . . . .
2. leistungsstark . . . .
3. cholesterinhaltig . . . .
4. wasserreich . . . .
5. kastenförmig . . . .
6. finanzschwach. . . . .
7. hilflos. . . . .
8. origInalgetreu. . . . .
9. schadhaft. . . . .
10. fantasiearm . . . .

Aufgabe 5 - VERBEN, VERBEN! 12. Fortsetzung

... V

8. verhelfen

Der stete Einsatz der Bürgerinitiative *verhalf* den Flüchtlingen zu einer menschenwürdigen Unterkunft.

(Beitrag, *Nebesatz*) . . . .

. . . .

(zurückgehen, *Nebesatz*) . . . .

. . . .

9. verhindern

Ein Umkippen des Sees kann nur durch Klärung seiner Zuflüsse *verhindert* werden.

(lassen, abwenden, Nebensatz) . . . .

. . . .

(Einhalt) . . . .

. . . .

10. verkaufen
Das neue Programm *verkaufte* sich bereits in den ersten Tagen sehr gut.
(Interessierte, erwerben) ....
....
(Verkaufserfolg) ....
....

11. verknüpfen
Die beiden Phänomene dürfen nicht einfach miteinander *verknüpft* werden.
(Verbindung, herstellen) ....
....
(auseinander halten, „einfach" entfällt) ....
....
(Zusammenhang, bringen) ....
....

12. verlängern
Die ursprüngliche Straßentrasse wurde nach dem Ausbau des alten Hafens um 50 km *verlängert*.
(Stück, länger) ....
....
(anfügen) ....
....

13. verlassen
Nachdem sie den Einflussbereich des Elternhauses *verlassen* hatte, begann sie ein erstaunliches Leben.
(sich befreien) ....
....
(unterliegen) ....
....

14. verleihen
Die schönen Stoffe *verleihen* dem Raum einen Hauch von Luxus.
(gewinnen) ....
....
(schaffen) ....
....

15. verschwenden
Sie *verschwendet* ihr Geld für unglaublichen Krimskrams!
(Fenster, hinauswerfen) ....
....
(voll, Hand, ausgeben) ....
....

16. verschwinden
Bei dem dichten Nebel *verschwanden* die drei Gestalten schnell auf Nimmerwiedersehen.

(verlieren) . . . .

. . . .

(verschlucken) . . . .

. . . .

17. verschwören
Die innerparteiliche Opposition schien sich mit Kritikern von außen gegen die Parteiführung zu *verschwören*.

(gemeinsam, Sache) . . . .

. . . .

(konspirieren) . . . .

. . . .

18. versetzen
Man muss sich in die Lage der Opfer *versetzen*, um das ganze Ausmaß der Katastrophe verstehen zu können.

(außer Acht) . . . .

. . . .

(ohne, berücksichtigen, schwierig, sein) . . . .

. . . .

19. verstehen
Es ist nicht ganz einfach, diese eigenartige Verhaltensweise zu *verstehen*.

(aufbringen) . . . .

. . . .

(klug werden) . . . .

. . . .

20. vertun
Er *vertut* seine Zeit mit lauter Nichtigkeiten.

(verschwenderisch, umgehen, beschäftigen) . . . .

. . . .

(vertreiben) . . . .

(Fortsetzung folgt)

Aufgabe 6 - Umformung eines Textstückes

Formen Sie das folgende Textstück so um, dass sein Sinn erhalten bleibt.

Text	Hinweise
Es *gibt einige* Möglichkeiten, *ausufernde* Ballungsräume zu	fehlen, rasant, Tempo, ausdehnen
entlasten und für ihre Bewohner wieder *attraktiver* zu machen.	sodass, gewinnen
Die wohl *aufwendigste* ist, zunächst die Landflucht zu stoppen,	am meisten, bestehen, dadurch
indem Provinz den Beigeschmack von Arbeitslosigkeit, Mangel	
an Einrichtungen der Daseinsvorsorge, geringen	verbinden
Bildungsmöglichkeiten und Lebensqualität *verliert*. Doch auch	selbst, bieten
innerhalb der großen Städte *gibt* es genug	Ausweg
Handlungsspielraum, um erhebliche Verbesserungen	neben, Betracht
herbeizuführen. Zu *denken* ist an systematische Begrünung	inbegriffen, auch
leer stehender Flächen, Verbannung des Verkehrs, *auch* des	
ruhenden, von den Straßen *sowie* die Einrichtung von	
Fahrradwegen und Fußgängerbereichen und vieles andere	Ergebnis, Fall
mehr. All dies wird allerdings ohne Erfolg bleiben, *wenn* es	können, begeistern
nicht *gelingt*, eine *Identifizierung* der Bewohner mit ihrer Stadt	
zu *schaffen*.	

Einheit 14

Der Grammatik - Tipp:

Auch in dieser Einheit geht es um Adjektive. Sie haben also die Gelegenheit, sich um etwas anderes zu kümmern. Wie wäre es mit einer Wiederholung der **unregelmäßigen Verben?**

Adjektivsuffixe (2)

Wieder gilt, dass Sie sich zuerst genau die Tabelle anschauen sollten, bevor Sie die folgenden Aufgaben lösen.

Adjektivsuffixe bei Adjektiven mit - vor allem - modaler Bedeutung	
Adjektivsuffix	Beispiele
-bar hat (1) **passivisch - modale** Bedeutung und drückt die Geeignetheit des Genannten aus. Adjektive mit dem Suffix **-bar** sind sehr häufig und werden v.a. aus **transitiven** Verben abgeleitet. (2) einige Adjektive werden nur mit dem Präfix un- gebraucht, (3) andere besitzen kein negatives Gegenstück	*1) heilbar = kann geheilt werden, berechenbar / unberechenbar = kann (nicht) berechnet werden* *2) unverkennbar = kann nicht verkannt werden* *3) bemerkbar = kann bemerkt werden*
-lich hat (1) in vielen Fällen **passivisch - modale** Bedeutung und drückt die Geeignetheit des Genannten aus. (2) In einigen Fällen werden die Adjektive nur mit dem Präfix **un-** gebraucht.	*1) begreiflich = kann begriffen werden* *2) unvergleichlich = kann nicht verglichen werden*
-abel (von Verben auf -ieren abgeleitet) (1) **passivisch - modale** oder (2) **aktivische** Bedeutung, wobei eine Eigenschaft angesprochen wird	*1) respektabel = muss respektiert werden* *2) rentabel = so beschaffen, dass es sich rentiert*
-fest, (-echt) (v.a. in der Werbesprache) (1) **passivisch - modale** Bedeutung, drückt eine Geeignetheit aus (2) **aktivische** Bedeutung, drückt aus, dass etw. gegen etw. geschützt ist	*1) kochfest = kann gekocht werden* *2) hitzefest = ist gegen Hitze geschützt*
-**fähig** besitzt (1) v.a. **aktivisch - modale** Bedeutung und drückt eine Fähigkeit aus, (2) aus Subjektiven abgeleitet auch **passivisch - modale** Bedeutung	*(1) lernfähig = kann lernen* *(2) abzugsfähig = kann abgezogen werden*
-tauglich besitzt **aktivisch - modale** Bedeutung und drückt eine Geeignetheit (Tauglichkeit) aus	*diensttauglich = kann seinen Wehrdienst leisten*
-wert, -würdig hat **passivisch - modale** Bedeutung und drückt eine Empfehlung aus	*lesenswert = sollte gelesen werden* *glaubwürdig = (jm.) sollte geglaubt werden*
-pflichtig hat **passivisch - modale** Bedeutung und drückt eine Notwendigkeit aus	*genehmigungspflichtig = muss genehmigt werden*

Aufgabe 1 - Umformungen mit Adjektiven (1)

Formen Sie die folgenden Sätze mithilfe der in Klammern stehenden Wörter um.

Beispiel:

⇨ Dieser Kompromiss ist durchaus *akzeptabel.* (annehmen)

⇨ Dieser Kompromiss kann durchaus angenommen werden.

1. Die folgende Auskunft ist *gebührenpflichtig.* (Gebühr, einziehen)

. . . .

2. *Ein Ende* des hohen Preisniveaus der fossilen Energieträger war nicht *absehbar.* (nach wie vor, erkennen, wann, abschwächen)

. . . .

3. Ein letzter *wasserfester* Anstrich der Planken und Bordwände und kurze Zeit später konnte die Reise losgehen. (nachdem, versehen, schützen)

4. Allgemein wurde die Meinung vertreten, dass die Beziehungen zwischen beiden Ländern *ausbaufähig* seien. (Umfang, erweitern)

5. Annette *nahm* die schlechte Nachricht mit für uns *unerklärlicher* Heiterkeit zur *Kenntnis*. (reagieren, Rätsel sein)

6. Trotz ihres hohen Alters hat sie sich *beneidenswert* gut gehalten. (beneiden, Nebensatz)

7. Nachdem die Polizeistreife das schlingernde Fahrzeug zum Stehen gebracht hatte, bestätigte sich der Verdacht, dass der Fahrer wegen seines Alkoholkonsums gänzlich *fahruntauglich* war. (Modalverb)

8. Es war für die kleine Gemeinde ein *denkwürdiger* Tag gewesen. (geben, viel, nachdenken)

9. Sein Kollege ist ein ziemlich *unnahbarer* Mensch. (Distanz, gehen)

10. Der hochgelobte Tenor gab eine *blamable* Vorstellung. (sich schämen, Modalverb)

11. Diese Häuserzeile ist nach einhelliger Meinung *erhaltenswert* und wird unter Denkmalschutz gestellt. (Modalverb)

12. Wir wollen die Stelle mit einem qualifizierten und *anpassungsfähigen* Mitarbeiter besetzen. (Modalverb)

13. Von der Kommission soll geprüft werden, ob die Pfeiler *standfest* sind. (umstürzen, Modalverb)

14. Die Bemühungen der Forschergruppe sind *förderungswürdig*, sodass eine finanzielle Unterstützung höchstwahrscheinlich gewährt wird. (Modalverb)

Aufgabe 2 - Umformungen mit Adjektiven (2)

Formen Sie die folgenden Sätze mithilfe des in Klammern stehenden Adjektivs um.

Beispiel:

⇨ Sie *wollte alles wissen.* (Bedürfnis, unstillbar)
⇨ Ihr Bedürfnis nach Wissen war unstillbar.

1. Seinen Schauspielkünsten *können nur wenige das Wasser reichen.* (nahezu, unnachahmlich)

....

2. Das Unternehmen kann mit der *Konkurrenz* durchaus *mithalten.* (konkurrenzfähig)

....

3. Der Schuldner muss dem Gläubiger *Schadenersatz leisten.* (schadenersatzpflichtig)

....

4. Deinen Vorschlag kann *ich unter keinen Umständen annehmen*! (inakzeptabel)

....

5. Seit qualifizierte Arbeitskräfte knapp werden, geht die Ansicht vieler Arbeitgeber, dass Mitarbeiter jederzeit zu *ersetzen seien*, immer öfter ins Leere. (austauschbar)

....

....

6. Es *lohnt* sich, sich die restaurierten romanischen Kirchen *anzusehen.* (sehenswert)

....

7. Bei dem Unfall *kamen* vier Insassen des PKW *ums Leben.* (verlaufen, tödlich)

....

8. Keine Sorge, dieses Gewebe *kann beliebig oft* in die *Waschmaschine gesteckt* werden! (waschecht)

....

9. Das *Preis-Leistungsverhältnis* ist bei diesem Produkt *angemessen*, weder zu teuer, noch zu billig. (handeln, preiswert)

....

10. Die Speise, die man uns vorsetzte, bestand aus zahlreichen, uns *gänzlich unbekannten* Zutaten. (undefinierbar)

....

11. Mythen wurden zunächst von *Mund zu Mund überliefert.* (kommen, mündlich, Überlieferung)

....

12. Diesen kleinen Fehler kann man ihr *nachsehen.* (verzeihlich)

....

Aufgabe 3 - Erklärung der Bedeutung von Adjektiven

Formen Sie die folgenden Sätze mithilfe des in Klammern stehenden Adjektivs um.

Beispiel:
eine farbechte Bluse ⇨ eine Bluse, die beim Waschen ihre Farbe behält

1. eine hörenswerte Aufnahme . . . .
2. ein begrüßenswertes (!) Verhalten . . . .
3. eine unrentable Unternehmung . . . .
4. ein genehmigungspflichtiges Bauwerk . . . .
5. ein untauglicher Versuch . . . .
6. ein durchsetzungsfähiger Mensch . . . .
7. ein wunderlicher (!) alter Mensch . . . .
8. ein vermeidbarer Irrtum . . . .
9. eine wetterfeste Berghütte . . . .
10. eine bemerkenswerte (!) Tat . . . .

Aufgabe 4 - Zuordnung passender Adjektive

Finden Sie die passenden Adjektive!

Beispiel:
über den Antrag kann beschlossen werden ⇨ er ist *beschlussfähig*

1. dieses alte Gemäuer flößt dem Betrachter Ehrfurcht ein → es ist ein . . . . Gemäuer
2. sein Verhalten kann verstanden werden → es ist . . . .
3. ich kann nichts mehr aufnehmen → ich bin nicht mehr . . . .
4. er muss nun zum Wehrdienst → er ist . . . .
5. sie spendiert anderen gern etwas → sie ist sehr . . . .
6. wir können das nicht tun → wir sind . . . ., es zu tun
7. dieser Stoff reißt nicht → er ist . . . .
8. sie können nicht mehr bezahlen → sie sind . . . .

Aufgabe 5 - VERBEN, VERBEN! 13. Fortsetzung

... V

21. sich verweigern
In jüngster Zeit *verweigern* sich leider immer weniger Menschen den populistischen Parolen einiger Politiker und Ideologen.
(akzeptieren) . . . .
. . . .
(verführen) . . . .
. . . .

22. verwenden
Statt die herkömmliche Technik zu *verwenden*, setzte man nunmehr eine Innovation auf dem Gebiet der Energiegewinnung ein.
(ersetzen) . . . .

(ablösen) . . . .

23. verwerfen
Der Plan der teilweisen Erhaltung der Flüchtlingssiedlung wurde *verworfen*.
(Anklang) . . . .

(billigen, zumindest, erhalten) . . . .

24. voraussetzen
Die aufwendigen Restaurierungsarbeiten an den historischen Baudenkmälern der Stadt *setzten* umfassende Fachkenntnisse *voraus*.
(Voraussetzung) . . . .

(ohne, *Konjunktiv II,* renovieren, *Modalverb, „aufwendige Restaurierungsarbeiten" entfällt*) . . . .

25. vorhanden sein
In dem kleinen Forschungsunterseeboot ist genug Platz *vorhanden*, um zusätzliche Ausrüstung mitzunehmen.
(reichen, *kein Nebensatz*) . . . .

(knapp, als dass) . . . .

26. vorliegen
Es *liegen* neueste Erkenntnisse *vor*, gemäß denen Tierexporte für die Ausbreitung der Seuche verantwortlich sind.
(nach, *kein Nebensatz*) . . . .

(vorhanden) . . . .

27. vorweisen
Die Wissenschaftler konnten ausreichende Anhaltspunkte dafür *vorweisen*, dass das Virus vom Tier auf den Menschen übertragen wurde.
(stützen) . . . .

(Besitz) . . . .

28. vorziehen
Wir *zogen* es *vor*, über den Passweg zu laufen, statt den steilen Abstieg zu wagen.

(scheinen, günstig) . . . .

. . . .

(lieber) . . . .

W

1. wachsen
Der Absatzmarkt für die Produkte soll in den kommenden Jahren noch weiter *wachsen*.

(größer) . . . .

(ausweiten, Passiv) . . . .

2. währen
Der Waffenstillstand *währte* nur kurz, denn jede Seite nahm die Provokationen der anderen zum Anlass, ihn zu brechen.

(Dauer) . . . .

. . . .

(finden, Ende) . . . .

. . . .

3. wahrnehmen
Nur selten *nehmen* wir bewusst *wahr*, was um uns herum geschieht.

(Aufmerksamkeit schenken, *„bewusst" entfällt*) . . . .

. . . .

(Bewusstsein) . . . .

. . . .

4. wandeln
Die Gestalt der Skulptur *wandelt* sich durch Witterungseinflüsse im Laufe der Zeit.

(gleich bleiben) . . . .

. . . .

(annehmen, neu) . . . .

. . . .

5. wechseln I
Kafka und seine Geliebte *wechselten* viele Briefe, doch nie heirateten die beiden.

(schreiben) . . . .

(intensiv, Briefwechsel, *„viele"* entfällt) . . . .

. . . .

6. wechseln II
Gegen Abend *wechselten* die Wachen und Ede sah seine Gelegenheit gekommen, seinen Häschern zu entwischen.

(kommen) . . . .

(Wachwechsel, *„Wachen" entfällt*) . . . .

. . . .

(Fortsetzung folgt)

Aufgabe 6 - Umformung eines Textstückes

Formen Sie das folgende Textstück so um, dass sein Sinn erhalten bleibt.

<table>
<tr><td>Über Geschmack lässt sich nicht streiten, wohl aber über Qualität. Sie ist für Wein, das vielleicht vielfältigste Lebensmittel, das der Verbraucher fertig kaufen kann, durchaus zu bestimmen. Doch beim Kauf einer Flasche Wein lässt sich aus dem Etikett nicht ersehen, ob sich der Winzer darum bemüht, das Potenzial seiner Lagen und Reben in Weinberg und Keller auszuschöpfen, und damit die Voraussetzung für höchsten Genuss zu schaffen. Der Verbraucher ist also beim Wein, mehr als bei vielen anderen Lebensmitteln, darauf angewiesen, sich zu informieren, seine Sinne zu schärfen und so bewusst wie möglich zu genießen. Ein wichtiger Aspekt ist dabei die Bekömmlichkeit. Verursacht selbst maßvoller Weingenuss Magenprobleme und Kopfschmerzen, war das Getränk wahrscheinlich manipuliert. Was die Bezeichnung Qualitätswein verdient, sollte nicht nur gut schmecken, sondern auch zum körperlichen Wohlbefinden beitragen</td>
<td>Wenn … schon, …, Relativsatz
kein Relativsatz
lassen - allerdings
verraten, Bemühen

beste, Gebrauch, worauf
gründen
Gegensatz, müssen
ganz
groß, Bedeutung, wie, Wein
Maßen, Hinweis
Manipulation - um
sowohl, Geschmack
Beitrag</td></tr>
</table>

Einheit 15

Der Grammatik - Tipp:

Für diese Einheit müssen Sie die **Verben** kennen, die **wie Modalverben gebraucht werden** und die vielleicht etwas in Vergessenheit geraten sind. Wenn Sie dann noch Lust haben, schauen Sie sich eine Liste an, in der **Adjektive**, die **mit bestimmten Präpositionen** verbunden werden, aufgeführt sind.

Aufgabe 1 - Umformungen mit Präpositionen

Formen Sie die folgenden Sätze mithilfe der in Klammern stehenden Adjektive um. Beachten Sie: zu jedem Adjektiv gehört eine bestimmte Präposition.

Beispiel:

➪ Die Kinder *wollten unbedingt* die Zirkusvorstellung sehen. (ganz, begierig)
➪ Die Kinder waren ganz begierig auf die Zirkusvorstellung.

1. Immer mehr Menschen *zeigen sich interessiert* an den Bedürfnissen alter Menschen im Alltagsleben. (empfänglich)

....

2. Dieses neuartige Baumaterial *enthält keinerlei* schädliche Substanzen. (frei)

....

3. *Außer* den Kosten für die aufwendige Werbung *kamen* noch die Ausgaben für eine effektivere Pressearbeit hinzu. (zusätzlich, Mittel, bereitstellen)

....

....

4. Wenn auch ein riesiges Land, so *besitzt* es doch kaum Rohstoffe. (arm)

....

5. Das Filmprojekt *konnte* an diesem Ort und in dieser Landschaft am besten verwirklicht *werden*. (geschaffen, Verwirklichung)

....

6. Diese Spezialtruppe des Katastrophenschutzes hatte für die Rettung der Flutopfer *viel getan*. (verdient)

....

7. Wie *immer* bei einer Flaute an der Börse *nahmen* die Investitionen rapide *ab*. (kennzeichnend, Rückgang)

....

8. *Auch wenn* sich der Gedanke umweltfreundlichen Produzierens *langsam durchsetzt*, so *misstrauen* doch gerade im Bereich der Agrarwirtschaft viele den vorgeschlagenen Neuerungen. (trotz, Überzeugungskraft, skeptisch)

....

....

9. Nach anfänglichem Zögern *geben* die Behörden nun die historisch bedeutenden Archive *frei*. (Freigabe, bereit)

....

10. Beide Folgen *stehen trotz* der völligen *Verschiedenartigkeit* ihrer Ursachen *in Beziehung* zueinander. (verschieden, verknüpft)

....

....

11. Der Erfolg des Vorhabens *hing* vom selbstständigen Engagement aller Beteiligten *ab*. (wesentlich, sein)

. . . .

12. Es mag in vielen Fällen angebracht sein, nicht konformes *Verhalten* eines Kindes zu *dulden*, *sofern* es sich selbst und anderen hiermit nicht schadet. (verhalten, nachsichtig, Voraussetzung)

. . . .

. . . .

Aufgabe 2 - Umformungen mit präpositionalen Attributen

Formen Sie die folgenden Sätze mithilfe der Wörter in den Klammern um.

Beispiel:

⇨ Nach eingehenden Untersuchungen *kam* man zu dem *klaren Ergebnis*, dass sich *jemand* mit den angeblich gefährlichen Postsendungen einen *Spaß erlaubt* hatte. (Zweifel, Farce, handeln)

⇨ Nach eingehenden Untersuchungen bestand kein Zweifel mehr daran, dass es sich bei den angeblich gefährlichen Postsendungen um eine Farce handelte.

1. Durch ein ehrgeiziges Bildungsprogramm, das vor allem die entlegenen Gebiete zum *Ziel* hatte, *gab* es bald zur *Genüge* neue Schulgebäude und Lehrkräfte. (erreichen, Bedarf)

. . . .

. . . .

2. *Der Umstand*, dass es *zu wenig* Trinkwasser gibt, *dürfte* in einigen Jahren zu weltweiten Problemen führen. (absehen, Mangel)

. . . .

. . . .

3. *Es zeigte sich*, *dass* es hilfreich war, verschiedene Kategorien unter dem Aspekt der Verträglichkeit zu *bilden*. (erweisen, *kein Nebensatz*, Einteilung)

. . . .

. . . .

4. Um in der heutigen Arbeitswelt bestehen zu können, sind Flexibilität und Lernbereitschaft unbedingt notwendig. (durchsetzen, hoch, Maß, bedürfen)

. . . .

. . . .

5. Phänomene wie ein mangelnder gesellschaftlicher Status und der Ausbruch von Gewalttätigkeiten zum Beispiel bei Sportveranstaltungen können nicht strikt *auseinander gehalten* werden. (Unterscheidung, treffen)

. . . .

. . . .

6. Man kann nur vermuten, *wie* die Nachricht die öffentliche Meinung *beeinflussen* wird. (Wirkung)

....

7. *Als* die kommunistische Staatenwelt in den 80er und 90er Jahren des 20. Jahrhunderts *zusammenbrach*, *schien* die Verwirklichung ideologischer Grundsätze in der Politik zunächst nicht mehr *glaubwürdig*. (Niedergang, *kein Nebensatz*, verlieren, Glaube)

....

....

8. Werden persönliche Daten *in Unkenntnis des Betroffenen weitergegeben*, so werden dessen Grundrechte *verletzt*. (Weitergabe, zustimmen, gelten, Eingriff)

....

....

9. Um den *Zustand*, in dem sich Park und Gebäudeanlagen *ehemals befunden* hatten, *wiederherzustellen*, musste *viel* Arbeit *aufgebracht* werden. (Rekonstruktion, Aufwand, erforderlich)

....

....

10. Auffallend ist, dass immer mehr Reisende *planen*, strapaziöse Fernreisen zu unternehmen, *statt* traditionelle europäische Reiseziele *anzusteuern*. (verstärkt, Tendenz, gegenüber)

....

....

Aufgabe 3 - Umformungen mit Verben, die den Modalverben nahe stehen

Formen Sie die folgenden Sätze mithilfe der Wörter in den Klammern um.

1. Die ersten Läufer scheinen bald das Ziel erreicht zu haben. (aussehen)

....

2. Er wusste sich auch in brenzligen Situationen zu helfen. (Ausweg)

....

3. Vergeblich bemühten sich die zahllosen Besucher, trotz des großen Andrangs die einmaligen Ausstellungsstücke zu sehen. (wegen, bekommen, Gesicht)

....

....

4. Schon länger hatte sie es sich zur Gewohnheit gemacht, nachmittags im Park spazieren zu gehen. (pflegen, Spaziergang)

....

5. Der Komponist fasste schon in jungen Jahren den Vorsatz, hier am See seinen Aufenthalt zu nehmen, und kaufte schließlich ein Häuschen in Ufernähe. (gedenken, niederlassen, zulegen)

. . . .

. . . .

6. Die Vorrechte der ehemals herrschenden Minderheit verloren noch lange nicht ihre Gültigkeit. (bleiben, verstehen)

. . . .

Aufgabe 4 - Umformungen und Negationen

Formen Sie die folgenden Sätze mithilfe der Wörter in den Klammern um.

Beispiel:

⇨ Nach den Kriegsandrohungen *war* die Verunsicherung an den Märkten so groß, dass eine weltweite Wirtschaftskrise *nicht mehr auszuschließen war.* (kommen, möglicherweise)

⇨ Nach den Kriegsandrohungen kam es zu einer so großen Verunsicherung an den Märkten, dass möglicherweise eine Wirtschaftskrise bevorstand.

1. *Nirgends* gibt es auffallendere Wandmalereien zu sehen als in diesem Labyrinth von Höhlen. (weit, breit)

. . . .

2. *Nicht* in diesem, *sondern* erst im kommenden Jahr werden die neuen U-Bahn-Stationen *fertig gestellt* sein. (statt, aufnehmen)

. . . .

3. Ihr *nicht gerade zurückhaltendes* Auftreten *führte* zu einer Unterbrechung der Sitzung des Stadtrates. (eher, Folge)

. . . .

4. *Unter allen Umständen* mussten sie noch heute das Flugzeug erreichen. (Fall, versäumen)

. . . .

5. Es war stets *betont* worden, dass an dieser Stelle auch ein Park angelegt werden könnte. (ausschließen)

. . . .

6. Alle waren *überzeugt* davon, dass diese Investition zahlreiche Arbeitsplätze *sichern* würde. (zweifeln, beitragen)

. . . .

7. Die Staaten dieser Welt sind *noch weit davon entfernt,* Hochschulabschlüsse in einem einfachen Verfahren gegenseitig *anzuerkennen.* (beabsichtigen, keineswegs, Anerkennung)

. . . .

. . . .

8. *Unzählige Menschen weigerten* sich, den Platz zu *verlassen*, sodass die Polizei schließlich *abziehen* musste. (niemand, bereit, Verlassen, zurückziehen)

. . . .

Aufgabe 5 - VERBEN, VERBEN! 13. Fortsetzung

... W

7. weinen
Viele Menschen *weinten*, als die unschuldigen Opfer zu Grabe getragen wurden.
(Tränen, ausbrechen) . . . .
(zurückhalten) . . . .

8. werben
Der Verein *wirbt* für neue Mitglieder.
(aufnehmen) . . . .
(sollen, gewinnen) . . . .

9. wirken
Die beiden Substanzen *wirken* bei Erschöpfung anregend auf den Organismus.
(Wirkung) . . . .
(kommen, Schwung, *„anregend" entfällt*) . . . .

10. wirksam
Der neue Impfstoff soll *hoch wirksam* sein.
(Wirksamkeit) . . . .
(Ergebnis, erwarten) . . . .

11. wissen I
Nur wenige Spezialisten *wissen* um das Zusammenwirken der einzelnen Bestandteile des Impfstoffes.
(Vorstellung, zusammenwirken, Nebensatz) . . . .
. . . .
(einweihen, Nebensatz, verhalten) . . . .
. . . .

12. wissen II
Von Beginn an *wussten* die Mitglieder des Rettungstrupps um die Gefährlichkeit ihres Einsatzes.
(kennen) . . . .
(vertraut sein) . . . .

Z

1. zählen
Die als Killerwale bezeichneten Meeressäuger werden zur Familie der Delfine *gezählt*.
(gehören) . . . .
. . . .
(angehören) . . . .
. . . .

2. zeigen
Das Wiederaufflammen der Tierseuche *zeigt*, dass die Sicherheitsmaßnahmen keinen vollständigen Schutz bieten.

(Tag, bringen) . . . .

. . . .

(deutlich) . . . .

. . . .

3. zugute kommen
Die Einnahmen aus dem Benefizkonzert *kommen* einem SOS - Kinderdorf *zugute*.

(Modalverb, profitieren) . . . .

(gehen) . . . .

4. zulegen
Viele Familien *legen* sich bereits einen Drittwagen *zu*, der zumeist vom Nachwuchs benutzt wird.

(erwerben) . . . .

. . . .

(Anschaffung) . . . .

. . . .

5. zurückgreifen
Zur Untermauerung seiner These *griff* der Dozent auf mittelalterliche Quellen *zurück*.

(berufen) . . . .

(erhärten, hinweisen) . . . .

6. zusammenstellen
Die bedeutendsten römischen Münzen aus der späten Kaiserzeit werden in diesem Werk *zusammengestellt*.

(erscheinen) . . . .

. . . .

(Aufnahme) . . . .

. . . .

7. zuwenden
Die Stiftung *wendet* sich ausschließlich den älteren Menschen der Region *zu*.

(kümmern, Bedürfnisse) . . . .

(Auge) . . . .

(Ende)

Aufgabe 6 - Umformung eines Textstückes

Formen Sie das folgende Textstück so um, dass sein Sinn erhalten bleibt.

Text	Hinweise
Die Violine, im modernen Musikleben *selbstverständlich*	wegdenken, *Relativsatz*
geworden, hat eine lange *Vorgeschichte*. Ihre *Ahnenreihe geht* in	vorweisen - Vorfahren, finden, bereits
Europa *zumindest* bis ins 9. Jahrhundert *zurück* und ist wohl *im*	
weiteren Verlauf bis nach *Asien* zu *verfolgen*. *Allein* zwischen	früh, erscheinen, Raum - seit
ihrem ersten *Auftreten* in der heutigen Form bis in unsere Zeit	Mal
liegt ein *Zeitraum* von über 500 Jahren. Es ist die *Summe* der	vergehen - Resultat
Erfahrungen, *die* aus *jahrhundertelangem Saiten- und*	Jahrhundert, Bau
Streichinstrumentenbau gewonnen wurde. Der *Ursprung* der	sammeln - Frage, wo, entstehen
Streichinstrumente ist mit der Frage nach der Herkunft des	
Bogens *verbunden*. Aus dem klassischen Altertum *fehlt jede*	nicht beantworten - scheinen, geben
Kunde von Streichinstrumenten. *So muss man annehmen, dass*	höchstwahrscheinlich
der Bogen aus Asien *entweder* durch die Araber oder die	einer, beiden
nordischen Völker nach Europa gebracht wurde. *Wo* sich diese	können
Entwicklung vollzogen hat, *ob* in Nordeuropa, im Vorderen Orient,	sowohl
in Indien oder Innerasien, ist nicht geklärt. Vielleicht ist der Bogen	doch
an verschiedenen Orten *entstanden* und *entwickelt* worden, *wie*	Entstehung, Entwicklung, Anfang
so manche grundlegende Entdeckung der Menschheit.	gleich

Einheit 16

Der Tipp zur Übung:

Lesen Sie sich den Text erst einmal kurz durch, um zu verstehen, worum es eigentlich geht. Wenn Sie meinen, die Zeit sei zu knapp, dann lesen Sie zumindest Sinnabschnitte, bevor Sie sich an die Lösung machen.

Text 1

(1) Wer *brachte* der Menschheit im vergangenen Jahr den	sein
größten Nutzen? (2) Eine *schwierige* Frage, werden Sie sagen.	einfach
(3) Und doch werden *jährlich* solche Personen *gesucht* und auch	Jahr, Suche
gefunden. (4) Alfred Nobel war es, der *die Menschen* in seinem	
Testament dazu aufgefordert und eine *riesige Geldsumme*	anordnen, Zweck, nötig, Geldmittel
bereitgestellt hat. (5) *Als* der „Dynamit-König", wie ihn Zeitungen	Verfügung - nach
nannten, am 10. Dezember 1896 *starb*, *überraschte* er seine	Tod, Überraschung, bereiten
Zeitgenossen mit einem Testament, *das er* ein Jahr zuvor	
formuliert hatte. (6) Der *unverheiratete* und *kinderlose* Nobel	weder … noch, *Relativsatz*
verfügte darin, dass der Hauptteil seines Vermögens gut	
anzulegen *sei*, damit die Zinsen als Preise „denen zuerteilt	so, soll
werden, die im verflossenen Jahr der Menschheit den größten	
Nutzen geleistet haben", und zwar auf den fünf *Gebieten* der	Bereich
Physik, der Chemie, der Physiologie oder der Medizin, der	
Literatur und „für die Verbrüderung der Völker" . (7) Diese	
Reihenfolge war Nobel *wichtig*. (8) Er *setzte* die	Wert - Vorrang besitzen
Naturwissenschaften *vor* das Schöngeistige und das Politische.	
(9) *Hier* soll es nur um *die Naturwissenschaften gehen.*	Stelle, sie, Erwähnung
(10) Nobels lockere Angaben in ein strengeres Reglement *mit*	
dem Höhepunkt der Preisverleihung in Stockholm *umzuwidmen*,	Umsetzung, wobei
verursachte bei seinen Testamentsvollstreckern *Kopfzerbrechen*.	darstellen, groß, Schwierigkeiten
(11) So *dauerte* es bis 1900, ehe die Nobelstiftung eingerichtet	erst, gelingen
werden *konnte*. (12) Und *erst* im Dezember 1901 wurden	warten müssen
Preisträger präsentiert, die Nobels Wunsch *erfüllt* haben sollen.	Ansprüchen
(13) *Doch ein Blick* auf die ersten derart ausgezeichneten	betrachtet
Naturwissenschaftler *offenbart*, dass sich die Stiftung bereits zu	deutlich
Beginn der jetzt hundertjährigen Dynastie nicht an Nobels	
Anweisungen *hielt*. (14) Schließlich hatte Röntgen die *berühmte*	verstoßen, berühmt machen
Entdeckung der nach ihm *benannten* Strahlen bereits 1895	benennen
gemacht. (15) Die anderen beiden Herren waren bereits vor	entdecken
1890 *erfolgreich* gewesen: von Behring mit seiner Serumtherapie	feiern
und van't Hoff mit den *Einsichten* in die Abläufe chemischer	Erkenntnis
Reaktionen.	

(1) . . . .

(2) . . . .

(3) . . . .

(4) . . . .

(5) . . . .

(6) . . . .

(7) . . . .

(8) . . . .

(9) . . . .

(10) . . . .

(11) . . . .

(12) . . . .

(13) . . . .

(14) . . . .

(15) . . . .

Text 2

(1) Die uralte Angst vor dem Hunger ist einem unvorstellbaren	an Stelle
Überfluss an Nahrung *gewichen.* (2) Wir *brauchen* keine Lebens-	heute, gegenübersehen - nötig
mittel mehr zu konservieren oder zu horten und müssen uns	
nicht *begnügen* mit dem, was die Jahreszeit oder Region *bietet.*	unabhängig, jeweilig Erzeugnis
(3) *Je* mehr von allem und von überall her kommt - *desto*	immer mehr, gleichwohl
billiger wird es noch. (4) Lediglich sechzehn Prozent unseres	
Nettoeinkommens - *etwa so viel* wie fürs Auto - *geben* wir für	entsprechen, Ausgaben, entfallen
Lebensmittel *aus.* (5) *Noch* vor dreißig Jahren *lag* der Anteil	während
etwa *doppelt* so hoch. (6) *Doch obwohl* wir uns eigentlich zu	Hälfte, verringern - froh, dennoch,
unserem Schlaraffendasein *beglückwünschen* müssten, *wächst*	spüren, deutlich
das *ungute Gefühl*, dass wir uns zunehmend von einem guten	groß, Abstand
und erfüllten Leben *entfernen.* (7) Auch die Lebensmittelindustrie	
spürt Unbehagen, fast *schämt* sie sich all der Mittel und Technik-	bereiten, Verlegenheit
en, die zum Überfluss *geführt* haben.	herbeiführen
(8) Beim Verkauf werden alte Bilder vom Landleben und von	
rustikaler Kost *bemüht, denn* mit Fotos aus der Legebatterie auf	Einsatz, zumal
der Schachtel ließe sich kein Ei *verhökern*, auch keine Tomate,	Mann, bringen
zeigte man die bodenlose Aufzucht auf Steinwolle, am Tropf	abgebildet
einer ausgetüftelten Nährlösung. (9) Ohne bukolisches Makeup	
bliebe man auf vielen Hightech Produkten sitzen.	loswerden
(10) *Ich* möchte dies als eine Form der Gleichzeitigkeit des	ähneln
Ungleichzeitigen bezeichnen: (11) Die heutige	
Lebenmittelindustrie *zehrt* parasitär von der Aura einer	zu Nutze
bäuerlichen und handwerklichen Wirtschaftsweise, der sie	
zugleich den *Garaus* bereitet. (12) *Noch* vor 100 bis 150 Jahren	Moment, zerstören - nur, her
wurden ungefähr 95 Prozent der Lebensmittel *quasi in*	dort, auch verbrauchen
Sichtweite des Kirchturms erzeugt. (13) Jeder konnte	
miterleben, wie Pflanzen und Tiere, von denen er *lebte*,	zusehen, Nahrung ausmachen
wuchsen und *gediehen.* (14) Auf dieses *Wachsen und*	Wachsen, Gedeihen - hier~
Gedeihen waren aber auch alle Menschen viel *stärker*	hoch, Maß
angewiesen als heute.	abhängig

(1) ....

....

(2) ....

....

....

(3) ....

....

(4) ....

....

(5) ....

(6) ....

....

(7) ....

....

(8) ....

....

....

....

(9) ....

(10) ....

(11) ....

....

(12) ....

....

(13) ....

....

(14) ....

....

Raum für Ihre Notizen und Anmerkungen

Einheit 17

Der Tipp zur Übung:

Bemühen Sie sich, bei jeder Umformung herauszufinden, ob der Schwerpunkt auf einem grammatischen Phänomen liegt oder ob eher Ihr lexikalisches Wissen getestet werden soll.

Text 1

(1) *Weiß* Deep Blue eigentlich, dass er *gewonnen* hat? (2) Hat er sich	bewusst, Sieg
nach dem Triumph über Schachweltmeister Garri Kasparow *gefreut*?	Freude, dass, gewonnen
(3) *Dumme* Frage, wird der Leser denken. (4) So groß auch	was, unsinnig
immer die Rechenkapazität eines Computermonsters *sein mag*,	wenn, noch, verfügen, auch wenn
so schnell seine Prozessoren auch die Verhältnisse auf den 64	
Feldern zu berechnen *vermögen*, eines *bleibt* ihm doch *verwehrt*:	Lage, im Stande, nämlich
ein *Bewusstsein* seiner eigenen Fähigkeiten.	Einsicht gewinnen
(5) *Tatsächlich* haben die Wissenschaftler erst *vor* wenigen Jahren	Tat, vergehen, seit
begonnen, sich der Erforschung dieses exklusiven	
Geisteszustandes *zuzuwenden*. (6) Menschliches Bewusstsein,	
also die Fähigkeit zu subjektivem inneren Erleben, *galt* in der	wo~, meinen, abtun
Naturwissenschaft und der Philosophie des Denkens lange Zeit als	
wenig seriöser Gegenstand. (7) Auch was die Erforschung der	ernst nehmen
künstlichen Intelligenz *angeht*, so *kam es seit jeher* nur auf den	Hinblick, schon immer, Bedeutung
„Output" eines Systems *an*. (8) Der Turing-Test *etwa*, seit den	genannt, Beispiel
Fünfzigerjahren der *ultimative Gradmesser* künstlicher Intelligenz,	wichtig, Maßstab, Messung, gelten
überprüft nur, *inwieweit* ein Computer in der *Lage* ist, menschliches	und, Grad, können
Verhalten nachzuahmen. (9) Gelingt es einem Computer, mit einem	vermögen
menschlichen Gegenüber zu *kommunizieren*, *sodass* dieser nicht	Mensch, Gespräch, und
erkennen kann, ob sein Gesprächspartner aus künstlichen	unschlüssig
Prozessoren oder aus Fleisch und Blut *ist*, so hat der	kommunizieren
Rechner den Turing-Test bestanden, *und man* muss ihm	weshalb
Intelligenz zubilligen. (10) Dieser Betrachtungsweise *hält* John	Gegensatz, Auffassung
Searle *entgegen, dass* einer Maschine *am Ende* doch etwas	letzt~
Entscheidendes fehle: *das* Bewusstsein. (11) Selbst wenn ein	und zwar
künstliches Gebilde noch so perfekt menschliches Verhalten zu	
simulieren vermöge, so *verbinde* es damit doch niemals eine	Nachahmung, gelingen, beimessen
Bedeutung, *wie* es ein Mensch tue.	ungleich

(1) ....

(2) ....

....

(3) ....

(4) ....

....

....

....

(5) ....

....

(6) ....

....

....

(7) ....

....

(8) ....

....

....

(9) ....

....

....

....

(10) ....

....

....

(11) ....

....

....

Text 2

(1) *Alle reisen,* doch *niemand* möchte Tourist sein. (2) Touristen, *das*	niemand, verzichten, wer, schon - immer
sind die anderen. (3) Dem massenhaften Reisen *haftet* im	allgemein, Eindruck
öffentlichen Bewusstsein ein *zwar unbestimmter,* doch	abgehen (*Nebensatz*), wissen, was
unbestreitbarer Mangel an. (4) Die Urlauber, so *heißt es, lassen*	vermeintlich, öffnen
sich auf fremde Länder nicht *ein* und *suchen* selbst in der *Fremde*	abverlangen, Urlaubsland
Komfort, deutschen Kaffee und Sicherheit (5) *Woher* rührt dieses	warum nur
Image, das Urlauber konsequent als unsympathisch und blöde	halten
stigmatisiert? (6) Unmittelbar *drängt* sich die *Vermutung* auf, dass das	meinen, Modalverb, Image
Negativbild durch das massenhaft moderne *Reisen* und seine *uner-*	Massentourismus, wenig, einhergehen
freulichen Folgeerscheinungen *geprägt worden seien.* (7) Doch der	beruhen
historische Rückblick zeigt: *Touristenschelte hat* mit der	wie, Geschichte, Dünkel
absoluten Zahl der Urlauber *wenig zu tun.* (8) Sie *bildete* sich in	eng, Zusammenhang - stammen
einer Epoche *heraus*, in der die *Reiseströme* im Vergleich zu	kaum jemand
heute nur *Rinnsale darstellten.* (9) Sie *entstand* auch nicht als	Ursache, liegen
Reaktion auf die ökologischen Folgen des modernen Reisens, die	
oft als *Scheinbegründung angeführt* werden. (10) Der	Begründung, herhalten müssen
Fremdenverkehr hatte im 19. Jahrhundert keinen *tief greifenden*	beeinträchtigen, Passiv
Einfluss auf die natürliche Umwelt. (11) Die *Wurzeln* der	negativ, Tourismus
antitouristischen Einstellungen *liegen* vielmehr im symbolischen	wurzeln
Kampf *um* soziale Überlegenheit. (12) Der britische	innehaben
Literaturwissenschaftler James Buzard hat in einer *Arbeit gezeigt,*	Auffassung, *Modalverb*, nachweisen
wie die *Abwertung* des Vulgärtourismus *und* die Betonung von	Tendenz, abwerten, einhergehen
Reise-Originalität seit dem frühen 19. Jahrhundert zu *Konstanten*	und, Bestandteil
der europäischen Kulturgeschichte *wurden.* (13) Den dummen	entwickeln
Touristen *stehen* die wahren Reisenden *gegenüber*, die	hier ...dort
Angehörigen einer Minderheit, welche die alte Kunst des	zugehörig, verstehen
aufmerksamen Unterwegsseins *beherrscht.* (14) Sie *bewegen*	Herz, liegen - Ziel
sich *abseits* der ausgetretenen Pfade, *suchen* Authentizität und	meiden, um ... zu
Stille, *Abstand* vom *Zweckdenken* der Alltagswelt wie auch von	fern halten, Zweck, beherrscht
historisch und kulturell „gesättigten" Plätzen.	

(1) ....
....
(2) ....
(3) ....
....
(4) ....
....
(5) ....
....
(6) ....
....
(7) ....
....
(8) ....
(9) ....
....
(10) ....
....
(11) ....
....
(12) ....
....
....
....
(13) ....
....
....
(14) ....
....
....

Raum für Ihre Notizen und Anmerkungen

Einheit 18

Der Tipp zur Übung:

Vergessen Sie nie, dass eventuell auch nicht besonders gekennzeichnete Wörter, zum Beispiel Hilfsverben, bei der Umformung entfallen können.

Text 1

(1) Es ist für ein Kind außerordentlich *befriedigend, wenn* es *ernst*	Befriedigung verschaffen, Respekt
genommen und von *seinen* Eltern *verstanden* wird. (2) *Wenn* es	Verständnis, entgegenbringen - werden
diesen Wunsch erfüllt *bekommt*, kann es eine annehmbare	
Entschädigung dafür sein, *dass* es sein *Verhalten ändern muss*.	Ausgleich, Verhaltens~, abverlangen
(3) Die meisten Menschen müssen erst *das Gefühl haben*, dass	voraussetzen
man ihren eigenen Ansichten *Beachtung schenkt, ehe* sie *bereit*	erkennbar, Berücksichtigung
und *im Stande sind*, entgegengesetzte Meinungen ernsthaft in	Bereitschaft, Vermögen
Erwägung zu ziehen. (4) Ansichten, *die* den unseren	befassen - um ... zu
widersprechen, *gelten zu lassen, erfordert* eine beträchtliche	akzeptieren, bedarf
innere Sicherheit, über die Kinder aller Altersstufen noch nicht	
verfügen. (5) *So* ist die häufigste *Streitquelle* zwischen Eltern und	Besitz - Grund, kommen, deswegen
Kindern die, *dass* die Eltern darauf *bestehen*, dass ihr Kind die	weil, Meinung
Dinge *so sieht, wie sie es selbst tun,* und dass es entsprechend	müssen, Sicht, teilen
reagiert, und das, *obwohl* ein Kind nur wie ein Kind und nicht wie	ungeachtet, dass
ein Erwachsener denken und verstehen *kann*. (6) *Im Übrigen* gibt	nicht, Lage sein - abgesehen
es so viele Meinungen wie Menschen. (7) *Tatsächlich* kann ja ein	Tat
und dasselbe Phänomen auch von Erwachsenen mit denselben	
Voraussetzungen unterschiedlich *beurteilt werden, wird doch*	Urteil bilden, wenn, bedenken
unsere Einstellung durch frühere Erfahrungen und durch spezielle	
Situationen *bestimmt*. (8) *Wenn* es sich um Eltern und Kinder	groß, Rolle - bei
handelt, wird die Situation *noch komplizierter, weil* zwischen ihren	zunehmen, Kompliziertheit, denn
Erfahrungen, ihrer Subjektivität und ihrem Verständnis noch weit	
größere Unterschiede bestehen, als dies bei Erwachsenen der	auseinander liegen
Fall ist. (9) *Wenn* wir daher *wollen, dass* unser Kind *etwas so*	Vergleich - sollen
auffasst, wie wir es für richtig oder nützlich halten, dann sollten	Auffassung, was, übernehmen
wir uns *überlegen*, was das Ereignis oder Erlebnis für das Kind *in*	gehen, ohne, Überlegung
eigenem Bezugsrahmen bedeutet. (10) Auf dieser *Basis* können	selbst - sie, Grundlage
wir uns dann so *verhalten, dass* das Kind es in dem von uns	Verhalten, Relativsatz
gewünschten Sinn begreift.	so ... wie, haben

(1) ....

....

(2) ....

....

(3) ....

....

....

(4) ....

....

(5) ....

....

....

....

(6) ....

(7) ....

....

....

....

(8) ....

....

....

(9) ....

....

....

(10) ....

....

Text 2

Eine Schule für alle, in der Schüler nicht *sitzen bleiben* und keine	schlecht, Schuljahr wiederholen,
Noten bis zur neunten Klasse *erhalten* - das *klingt* zumindest für	benoten, dürfen
deutsche Ohren erst einmal nicht nach dem *Patentrezept* für ein	Deutschland, erachten, ideal, Lösung
leistungsorientiertes Schulsystem. (2) Dass aber nicht das Prinzip	Leistung, ausgerichtet
dieser Schule das Problem *darstellt, lässt* der Blick nach	ergeben, deutlich, wenden
Schweden *vermuten*, wo die Einheitsschule auch *üblich* ist. (3)	Normalfall
Das *schwedische Konzept* hat zudem in den letzten zehn Jahren	Schweden
auf interessante pädagogische Rezepte *gesetzt*, vor allem aber	Anwendung
auf eine weit gehende *Autonomie* der Schulen. (4) „Futurum",	Handlungsspielraum, ausbauen
eine der Gesamtschulen in dem Städtchen Balsa, eine *knappe*	nahe, liegen
Autostunde nördlich von Stockholm, *mag besonders vorbildlich*	gut, Beispiel, anführen lassen
sein. (5) In den renovierten, *licht gebauten* Holzhäusern *klingelt*	Licht, einfallen, sein, hören
keine Schulglocke. (6) *Es gib*t keine Klassenzimmer, die Kinder	Unterricht erhalten
der ersten bis zur zehnten Klasse arbeiten *vielmehr* in Gruppen	sondern
zusammen, *und je älter* sie sind, *umso* gemischter *sind* die	wobei, Alter, immer mehr
Teams. (7) Jeweils 80 Schüler werden von einem	
Pädagogenteam *betreut*. (8) Etwa die Hälfte der Unterrichtszeit	kümmern
geht für Erklärungen an der Tafel *drauf*, die *andere Hälfte*	verteilen, während, verbleiben, Zeit
arbeiten die Schüler *selbstständig* - was *auch heißt, dass sie*	Anleitung, es
während der „Basisstunden" durchaus *entscheiden* können, ob	überlassen sein
sie *jetzt lieber* Schwedisch, Mathematik oder Englisch *üben*	Vorzug
wollen. (9) Ohne „Loggbok" freilich wäre das *kaum denkbar.* (10)	nur verwirklichen, weil, geben
In diesem Logbuch sind die *Lernziele* für die Woche *festgehalten*,	Vorgaben, was, müssen
am Wochenende prüft der Kontaktlehrer, *was abgearbeitet*	Lernergebnis
wurde, jeden Montag dürfen die Eltern *einen Blick hineinwerfen.*	einsehen
(11) Seit drei Jahren *praktiziert* Futurum diese Selbstständigkeit,	setzen
und David Larsson, ein besonders begabter Schüler aus der	
achten Klasse, *findet* die neue Freiheit *toll.* (12) *Schlecht* ist das	gefallen - Schwierigkeiten
System allerdings für *Schüler, die nicht selbstständig* genug sind.	relativ un~, Kind
(13) Das *trifft, so schätzt* eine Pädagogin, auf etwa *15 bis 20*	betreffen, Einschätzung, Fünftel
Prozent zu, die dann speziell *gefördert* werden *müssen.*	Schüler, Förderunterricht, anbieten

(1) . . . .

(2) . . . .

(3) . . . .

(4) . . . .

(5) . . . .

(6) . . . .

(7) . . . .

(8) . . . .

(9) . . . .

(10) . . . .

(11) . . . .

(12) . . . .

(13) . . . .

Raum für Ihre Notizen und Anmerkungen

Einheit 19

Der Tipp zur Übung:

Geben Sie darauf Acht, dass Sie selbst möglicherweise ein Wort hinzufügen müssen, etwa das Verb in einer Nomen-Verb-Kombination. Beachten Sie auch stets, in welcher Zeit das Verb im Ausgangssatz steht.

Text 1

(1) Für den modernen Menschen *heißen* alle Luftschiffe Zeppeline.	nennen
(2) Zwar *ist* bis *heute* Ferdinand Graf Zeppelin der berühmteste	gelten, heutig
Luftschiff-Konstrukteur, lange Zeit auch sehr *erfolgreich.* (3) *Aber* der	Erbauer, verwöhnen - dennoch
Originellste *und* Leidenschaftlichste *war* der Graf vom Bodensee	weder, dürfen
vermutlich nicht. (4) Aber wer *erinnert* sich schon an Namen wie	sagen
Theodor Schober, Theodor Zorn, Ulrich Queck? (5) Drei *Visionäre*	Männer, Relativsatz
als *Stellvertreter für* eine Vielzahl kühner Erfinder und getriebener	Blick, Zukunft, wie ... auch
Dilettanten. (6) Sie alle *ersannen* gigantische Luftschiffe *für* den	versuchen, Entwurf, Dienste
Transport von Menschen und Fracht, *vorangetrieben von* Atom- oder	fortbewegen, mithilfe
Düsenkraft. (7) Die *Halbwertzeit* der *teils* aberwitzigen Ideen - *getreu*	wie lange, Bestand, Teil, folgen
dem Motto: „Leichter als Furcht" - war höchst unterschiedlich.	
(8) Konditor Schober *etwa* hatte sich bereits 1880 einen *Namen* als	so, beispiels~, Anerkennung
Konstrukteur gemacht. (9) Allerdings wurde damals *nicht* sein	statt
„Luftfahrzeug für militärische Massendislokation" *prämiert*, das bis zu	Prämie
300 Mann *transportieren sollte,* sondern ein von ihm entworfener	Transport, geeignet
Backofen. (10) *Nach* den zerstörerischen Erfahrungen im Ersten	angetrieben
Weltkrieg *versuchte* die Luftschiff-Industrie, in den Zwanzigerjahren	wollen
neue *Wege* zu gehen. (11) Luxus-Reisen in die Metropolen der Welt	orientieren
waren das *Ziel.* (12) Damen der *feinen Gesellschaft* und stolze	Auge fassen - betucht
Herren *genossen* im Bauch der fliegenden Zigarren das Leben *in*	wissen, schätzen
vollen Zügen und *betrachteten* die Welt durch mannshohe	genießen, Blick
Fensterscheiben. (13) In dieser Zeit *folgte* eine Sensation der	reihen
anderen. (14) 1924 *überflog* ein Zeppelin *zum ersten Mal* den	gelingen, erst~,
Atlantik, *1929 umrundete* Graf Zeppelin die Welt. (15) 1937 *dann*	Jahr, später, folgen
stürzte der Zeppelin Hindenburg im amerikanischen Lakehurst vor	Absturz
laufenden Kameras *brennend vom Himmel* - die *Welt hielt den Atem*	Flammen stehend, Zeit
an.	scheinen, stillstehen
(16) Aber *selbst* diese Katastrophe konnte die Faszination *nicht*	ungeachtet, anhalten
dauerhaft schmälern, immer neue Konstruktionen wurden *erdacht.*	machen
(17) Zum Beispiel Luftschiffe aus *Stahl, Konzepte wie* das	stähl~, konzipieren
Delfinluftschiff aus der DDR, der *Versuch*, Atomkraft als Antrieb	sollen
einzusetzen. (18) Durchsetzen konnte sich keine *Vision.*	Verwendung - Entwürfe

(1) . . . .

(2) . . . .

(3) . . . .

(4) . . . .

(5) . . . .

(6) . . . .

(7) . . . .

(8) . . . .

(9) . . . .

(10) . . . .

(11) . . . .

(12) . . . .

(13) . . . .

(14) . . . .

(15) . . . .

(16) . . . .

(17) . . . .

(18) . . . .

Text 2

(1) Die älteste, *aber* immer noch sehr *brauchbare Verwirr-*	*Relativsatz*, Nutzen
Methode ist die philologische. (2) Sie wurde - wie nicht *anders zu*	Verwirrung stiften - sonst
erwarten - vom *aufsteigenden* kritischen Bürgertum zur Zeit des	Aufstieg, begriffen
Humanismus *entwickelt*, *um* hinter der christlich *korrigierten,*	aufkommen, zwecks, Korrektur
verfälschten Überlieferung die antiken Originaltexte *wieder*	Aufdeckung
erkennbar zu machen. (3) *Später* wurde diese Methode immer	Laufe
kritischer, und *schließlich wandten* sie mutige Theologen sogar	so weit kommen, dass, dienstbar
auf den biblischen Text selbst *an*. (4) Sie *besteht* darin, *dass man*	müssen
verschiedene Texte zum gleichen Thema miteinander vergleicht,	
auf eine plausible Art *erklärt*, welcher Text der älteste *ist*, und	hiernach, bestimmen
dann an den anderen so lange *herumdeutet*, bis sie entweder als	Anschluss, drehen, wenden
absolut unauthentisch *beiseite geschoben* werden können oder	befinden
aber mit dem erwünschten Grundtext *übereinstimmen*. (5) Diese	feststellen lassen
Methode *eignet sich ausgezeichnet* für literarische Kontroversen	leben
mit gelehrten Kollegen und wurde *jahrhundertelang* von jungen	Jahrhunderte
Privatdozenten dazu benützt, selbst einträgliche Lehrstühle zu	
ergattern. (6) Wenn das Studium von Originaltexten zu *mühsam*	Land ziehen - anbieten
oder *wegen* des *Verlustes* oder der *Unauffindbarkeit* der Quellen	da, verloren gehen, auffinden sein
unmöglich ist, *dann kann mithilfe* einer frei *schweifenden*	können, schweifen lassen
Fantasie das *Fehlende* oft erfolgreich und bequem *ersetzt*	um, Lücke
werden.	
(7) Einige *Virtuosen auf dem Gebiet* der Textkritik und Exegese	meisterhaft beherrschen
haben es *fertig gebracht,* Hunderte von Seiten über ein falsch	gelingen
gesetztes und damit sinnentstellendes Komma zu *schreiben* oder	füllen, Relativsatz, äußern
auch *durch Rückgriff* auf den ursprünglichen Wortsinn eines	indem, untersuchen
Ausdrucks den Sinn einer Textstelle auf den *Kopf* (oder - *wie* sie	verunstalten, gemäß
überzeugt waren - auf die *Füße*) zu stellen. (8) *Kurz, mithilfe*	geraderücken - also, nötig, damit
eines guten Philologen lässt sich leicht aus *beliebigen* (allerdings	welcher auch immer
möglichst dunklen) Texten fast jeder *gewünschte* Sinn	gerne haben
herauslesen.	

(1) ....

....

(2) ....

....

....

(3) ....

....

(4) ....

....

....

....

....

(5) ....

....

....

(6) ....

....

....

(7) ....

....

....

....

....

(8) ....

....

Raum für Ihre Notizen und Anmerkungen

Einheit 20

Der Tipp zur Übung:

Vergessen Sie nie, Endungen, Artikel, Relativ- und andere Pronomen usw. anzugleichen, beispielsweise, wenn das Geschlecht eines neu eingesetzten Substantivs ein anderes als das vorhergehende ist.

Text 1

(1) Die Jahre um 1200 *gelten* als Höhepunkt der deutschen	erreichen
Literatur- und Kunstgeschichte des Mittelalters. (2) Die	
frühesten Texte in deutscher Sprache sind zwar schon aus	
dem 8. Jahrhundert *überliefert*, doch ist die *Zahl* von	bekannt sein, verfassen, auftauchen
deutschsprachigen Dichtungen aus den nächsten	
Jahrhunderten des Mittelalters *gering und* ihr Themenkreis	wenig, mit
ist *eng*. (3) Die *meisten Texte* sind aus dem Lateinischen	beschränken - Regel
übersetzt worden, oder sie *lehnten* sich an lateinische	handeln, Übersetzungen, zumindest, Nähe
Vorlagen *an*. (4) Themen, Motive und Gattungen *waren* ganz	erkennen - vorherrschen
überwiegend geistlich bestimmt. (5) Die *frühere Literatur* in	Kirche, Religion, Wahl - was, schreiben
deutscher Sprache vor 1200 ist in *Vergessenheit geraten,*	verlieren
während die Dichtungen des *ausgehenden* 12. und des 13.	Gegensatz, Ende
Jahrhunderts auch in der folgenden Zeit *gelesen*,	Relativsatz, Leser
nachgeahmt und *umgeformt* worden sind. (6) Schon die um	Nachahmer, Vorlage, neu, Werk
1200 *schreibenden* Autoren haben *voneinander* gewusst,	verfassen, Relativsatz, Existenz
sich *zitiert* und aufeinander *Bezug* genommen. (7) Sie *lassen*	Zitat anführen, beziehen - deutlich
also die *Anfänge* eines literarischen Lebens *erkennen*,	Anfang nehmen
dessen *Spuren* in den *nächsten* Jahrhunderten *weitergehen*	folgen, Relativsatz, Fortsetzung
und *breiter werden* sollten. (8) Noch die Meistersinger und	erweitern
Autoren und Drucker der Ritterromane in den Städten des	spät, Mittelalter
15. und 16. Jahrhunderts stehen in der um 1200 begonnenen	Nachfahren
literarischen Tradition. (9) *Um 1200 entstand* auch das	Zeitpunkt, zurückdatieren
berühmteste Heldenepos in deutscher Sprache, das	
Nibelungenlied, dessen Handlung in der	
Völkerwanderungszeit spielt. (10) Es *kann* nicht *bezweifelt*	Epoche, einbetten - müssen
werden, *dass* der unbekannte Dichter des Epos sich älterer	
Vorlagen bedient hat. (11) *Doch* lässt sich deren Gestalt	jedoch, nicht wissen, besitzen
ebenso wenig *erkennen*, wie sich die *Frage* nach der	und, mittels
mündlichen Tradition, *in der* diese Stoffe überliefert worden	welcher, Natur
sind, *beantworten lässt.* (12) *Art* und Umfang der	Sprache, Mund, sein
volkssprachigen, nur *mündlich* überlieferten Literatur, die es	Existenz, ausgehen müssen
in den vorausgegangenen Jahrhunderten *ohne Zweifel*	ermitteln lassen
gegeben hat, *bleiben* uns *verborgen.*	

(1) . . . .

(2) . . . .

(3) . . . .

(4) . . . .

(5) . . . .

(6) . . . .

(7) . . . .

(8) . . . .

(9) . . . .

(10) . . . .

(11) . . . .

(12) . . . .

Text 2

(1) Die wichtigste Institution des byzantinischen Staates war das	
Kaisertum, dessen Inhaber in ihrer Person *nicht nur Legislative,*	neben, Verkörperung, Gewalten
Exekutive und Judikative verkörperten, sondern darüber hinaus	
auch im *kirchlich-religiösen Bereich eine Führungsrolle*	geistlich, Oberhaupt
beanspruchten. (2) *Dies* war, wie die Institution, ein Erbe aus	Hinsicht
römischen Zeiten. (3) *Römisch war und blieb* auch der	Römer, antreten - Rom, stammen
Auswahlmodus: (4) *Byzanz kannte,* zumindest in der Theorie,	Art und Weise - Byzantiner, unbekannt
kein *dynastisches Anrecht* auf den *Thron, sondern* jeder, *mit*	Thronfolge, Dynastie, sodass
Ausnahme von Sklaven, Eunuchen oder Klerikern, konnte Kaiser	absehen
werden. (5) *Zwar* hatte der Adel *als* führende Schicht des	erheben - unbestritten, dass, darstellen
Reiches naturgemäß einen leichteren *Zugriff, und* im Lauf der	Ziel, erreichen, wobei auch
Zeit wurde der *dynastische Gedanke stärker, aber* bis in das elfte	Idee, verstärkt, laut, dennoch
Jahrhundert *ereignete* es sich doch immer wieder *einmal*, dass	Vorkommen, wenn, vereinzelt
ein Kaiser quasi aus dem sozialen Nichts auf den Thron *gelangte*	krönen
- *in der Regel, wenn auch nicht immer*, über eine Armeelaufbahn.	oft, aufgestiegen
(6) Das *hat zur Folge, dass* die Kaiserwürde in Byzanz nicht auf	so
eine einzelne Familie oder einen engen Personenkreis	
beschränkt ist. (7) *Im Gegenteil lädt* eine *schwache* Herrschaft	repräsentieren - wenn, Schwächen
nachgerade dazu *ein*, sie zu stürzen und einen neuen,	zeigen, zögern
ambitionierten Machthaber an ihre *Stelle* zu *setzen*, der dem	austauschen
Staat seinen *Stempel aufzudrücken bestrebt* ist.	Vorstellungen, regieren, Modalverb
(8) Allerdings *hatte* dies auch eine *Kehrseite*: (9) *Wenn* der Beste	wenden, neu, Herrscher - wer
Anspruch auf den Thron *erheben kann, dann* muss er die daraus	behaupten, deshalb, besitzen
resultierenden Erwartungen auch erfüllen, *da andernfalls* die	Hoffnungen, schüren, wollen
Gefahr seines *Sturzes besteht.* (10) Solche Kaiserstürze sind in	laufen, stürzen
Byzanz häufiger *vorgekommen* als in den meisten anderen	erleben
Staaten. (11) Die *Byzantiner* haben zwar *nie* die Institution des	Byzanz
Kaisertums selbst *in Frage gestellt, wohl aber* die jeweiligen	Bestand, Fähigkeit, hingegen, Kritik
Amtsinhaber. (12) *Mehr als dreißig Prozent* der byzantinischen	unterwerfen - fast, Drittel
Kaiser sind *gestürzt* oder im Amt *getötet* worden.	Sturz, Macht, Leben, bringen

(1) . . . .

. . . .

. . . .

(2) . . . .

. . . .

(3) . . . .

(4) . . . .

. . . .

. . . .

(5) . . . .

. . . .

. . . .

. . . .

. . . .

(6) . . . .

. . . .

(7) . . . .

. . . .

. . . .

(8) . . . .

(9) . . . .

. . . .

. . . .

(10) . . . .

(11) . . . .

. . . .

(12) . . . .

. . . .

Raum für Ihre Notizen und Anmerkungen

Quellenverzeichnis

Seite 158	Ein Ritterschlag! Doch wie aktuell sind Ritter?, in: Bild der Wissenschaft, Heft 10/2001, Seite 70
Seite 160	Manuel Schneider, Die Kunst des Wartens und der Vorfreude, in: Die Zeit, 29.Dezember 1995
Seite 164	Ulrich Schnabel, Haben Maschinen Bewusstsein? in: Die Zeit, 29. Dezember 1995
Seite 166	Warum nur will niemand ein ganz normaler Tourist sein?, in: Psychologie heute, Mai 1997
Seite 170	Bruno Bettelheim, Ein Leben für Kinder dtv
Seite 172	Wo Gesamtschule kein Schimpfwort ist, in: Süddeutsche Zeitung, 5.2.2002, Nr. 30, Seite V2/14
Seite 176	Ralph-Johannes Lilie, Byzanz, Seite 13 Verlag C.H. Beck
Seite 178	Iring Fetscher, Wer hat Dornröschen wachgeküsst?, Seite 11 Fischer Verlag
Seite 182	Hartmut Boockmann, Das Reich im Mittelalter, Restauration und Überanstrengung - Das Zeitalter der Staufer, Seite 92 in: Mitten in Europa, Deutsche Geschichte, Siedler bei Goldmann
Seite 184	Von Luftwürmern und anderen Hirngespinsten In: Süddeutsche Zeitung Nr. 289, Seite V 1/9, 14./15. Dezember 2002

Ziel: GDS

Raum für Ihre Notizen und Anmerkungen

Ziel: GDS

Raum für Ihre Notizen und Anmerkungen

Ziel: GDS

Raum für Ihre Notizen und Anmerkungen